反向育儿

——换个思维方式养孩子

（上）

尚致胜 著 杨卯卯 绘

航空工业出版社
北京

内 容 提 要

本套书以反向育儿为出发点，帮助家长转变育儿思维方式，更好地解决育儿难题。本套书从自信、沟通、情商、逆商、社交、学习、自控、习惯、儿童常见行为心理及行为障碍十大关键领域着眼，全方面解决家长在育儿道路上遇到的难题。

图书在版编目（CIP）数据

反向育儿 : 换个思维方式养孩子 / 尚致胜著 ; 杨卯卯绘 . -- 北京 : 航空工业出版社 , 2023.10
ISBN 978-7-5165-3489-2

Ⅰ . ①反… Ⅱ . ①尚… ②杨… Ⅲ . ①家庭教育 Ⅳ . ① G78

中国国家版本馆 CIP 数据核字（2023）第 175195 号

反向育儿：换个思维方式养孩子
Fanxiang Yuer :Huange Siwei Fangshi Yanghaizi

航空工业出版社出版发行
（北京市朝阳区京顺路5号曙光大厦C座四层 100028）
发行部电话：010-85672688 010-85672689

三河市双升印务有限公司印刷　　全国各地新华书店经售
2023年10月第1版　　2023年10月第1次印刷
开本：710 × 1000 1/16　　字数：116千字
印张：9.5　　定价：99.00元（全2册）

作者序

反向育儿——解锁另一种方式教养孩子

亲爱的读者：

首先，我想由衷地感谢您选择阅读我的新书。

这本书是我二十余年来研究与传播家庭教育的结晶，旨在帮助家长们超越传统教育模式，摒弃以责骂、批评、贬损、比较、打压和胁迫等方式为主导的教育方式。我坚信，只有通过积极引导、尊重孩子和注重心性教育，我们才能真正培养出健全、独立、有品德、有创造力的孩子。

现今社会，家长常常被功利主义的教育观所困扰，将成绩、分数视为教育的最重要目标，忽视了孩子的内心世界和个性发展的重要性。然而，我们需要意识到，真正的教育不仅仅是培养孩子的智力，更要关注孩子的情感、品德和全方位的发展。

家庭教育的根本目的是为孩子提供一个全面成长的环境，让他们健康、快乐地成长，并培养独立思考、自信、适应力强的优良品质。

在本书中，我深入探讨了积极引导的教育理念和方法。我呼吁家长们用心去倾听孩子的内心声音，去理解他们的需求和情感。让我们以尊重为基础，发现孩子的优点，给予他们积极的鼓励、支持和认可。同时，我提倡给孩子创造一个自由、包容的成长环境，让他们能够展示真实的自我，不受限于父母的期望，培养他们独立思考和自主决策的能力。

本书倡导的反向育儿理念，旨在引导家长顺应孩子的想法，让孩子亲自体验自己的行为带来的后果，摒弃之前家长在孩子犯错时直接说教、控制甚至打骂的育儿方式。为了更好地理解和应用反向育儿的理念，本书提供了丰富的案例分析、实用的教育技巧和实践指南。我相信，通过这些实例和方法，您会更加深入地理解如何积极引导孩子，为他们创造一个良好的成长环境，使他们能够发挥潜力、塑造性格，并建立积极的人生态度。

同时，我还在本书中强调了家庭教育的本质在于“心性教育”，这是孩子整个人生的基石。我们要关注孩子的自信心、情商、逆商、沟通力、社交力、目标力、毅力和潜能的培养。通过培养这些心理素质，我们能够帮助孩子更好地应对挑战、建立良好的人际关系，并追求自己的梦想。

当然，实施反向育儿并非易事。家长需要具备正确的教育观念和知识，不断反思自己的行为和态度。在此，我要强调三个关键要点：装软件、造环境和养习惯。“装软件”指的是我们要树立正确的信念和价值观，引导孩子树立积极并且健康的自我形象。“造环境”则是营造一个积极正能量的家庭环境和学习环境，为孩子提供良好的学习和成长条件。“养习惯”是指培养孩子良好的学习习惯和生活习惯，让他们养成积极的行为模式。

在这篇序言中，我尽可能地向您介绍了本书的核心思想和要点。我希望这本书能够成为您的家庭教育指南，帮助您在家庭教育中走上一条积极、健康、有意义的道路。通过反向育儿，我们能够为孩子打开更广阔的发展空间，培养他们成为有思想、有情感、有品德、有创造力的独立个体。

最后，我衷心感谢每一位阅读这本书的家长，感谢您对教育事业的支持和关注。我衷心祝愿您和您的孩子在反向育儿理念的指导下，能够共同成长，创造出美好的人生。

祝福您和您的孩子幸福、健康、成功！

衷心感谢！

尚致胜

2023年8月

目 录

第一章

自信

孩子没有自信心

太缺乏自信了。
做什么都做不好！唉……
这拼图好难呀！我拼不好，你能帮帮我吗？
?
原来是这样拼，你怎么会的？
我拼好啦，成功咯！
这么快……很厉害呀！

孩子没有自信心

●问题：

孩子7岁了，可感觉做事有些怯懦，遇到事情没勇气、没信心去做，怎么才能帮助孩子增强信心呢？

专家解析

孩子不自信的原因，主要有下列几个方面。

❶ 父母替代孩子做事过多

比如，很多家长特别是祖辈照看孩子时，对孩子的照顾无微不至，有的孩子都四五岁了，吃饭还要喂；吃完饭，有的孩子想帮忙一起收拾碗筷，却被大人直接阻止，可能是担心孩子会把碗摔碎，也可能是为了赶时间。可是如果家长在生活的各方面都是这样对待孩子的话，孩子就没办法提升自己的能力，也没办法去体验那种“我可以做到”的感觉。

❷ 父母的“打击教育”

有些家长是跟孩子一起去面对问题的，而有些家长，恰恰是给孩子制造问题的。有一个叫《少年说》的节目，里面有个孩子跟自己的妈妈控诉：“为什么我的努力，你从来都看不到？”结果她妈妈说：“如果我不打击你一下，你就会飘了。”在传统教育观念里，强调“满招损，谦受益”，因此，父母对孩子多持否定态度。

教子有方

1 允许尝试

多给孩子试错的机会，少替他做事，就像小牛不下田永远学不会耕田一样。要想孩子有信心，得让孩子有经历、有体验，但只要体验，就可能会犯错，所以父母要在一定程度上允许孩子犯错，让孩子受到一些挫折也是正常的，我们不需要过于胆小谨慎地去看待这些问题。

2 肯定孩子

当孩子遇到挫折的时候，家长尽可能地不要打击孩子。孩子做不好事情，本身心情就糟糕，家长再嘲笑打击孩子，孩子就更加情绪低沉，本来可能还有些信心，这样一下就又浇灭了。孩子非常在意别人对自己的看法，尤其是父母对自己的评价。当孩子感受到父母爱他并尊重他时，他就会觉得自己是有用的人，做任何事情都会信心十足。因此，家长在平时要多鼓励孩子，多给予孩子积极的评价。

重视孩子所付出的努力而非只看结果，弱化孩子的错误突出其取得的成绩，不断强化孩子的优点使孩子不断进取。

3 要求适当

家长平时对孩子的要求要适当，不能苛求孩子，对孩子的要求应该与孩子的实际能力相适应。先让孩子从一些容易做的事情开始，再逐步提升相应的难度要求。

孩子过分追求完美怎么办？

过分追求完美

问题：

给孩子买了一套积木，孩子很喜欢，于是对照着图案画册开始拼，可拼的图案和画册上不大一样，孩子连饭都不吃了，一直拼，最后还是没拼好。孩子爸爸一劝，孩子还哭了起来。刚开始，我们都没太在意，甚至还有些得意，觉得孩子做事专注认真、一丝不苟，后来慢慢发现不对劲：孩子做事情特别较真，稍有不如意就不行，有点太完美主义了。怎么做才能让孩子不那么强调完美呢？

专家解析

完美主义在一定程度上可以促使人精益求精，有效增强个人的自我约束能力，但超过一定限度，就会给自己带来太大压力，害怕失败、对局部和细节上的错误过分担心，以及担心不完美而产生的迟疑和怀疑态度，反而影响生活、影响学习、影响幸福感。

教子有方

1 理智看待

转换角度，指导孩子正确看待自身的不完美。告知孩子：追求不等于达到，达到也不一定要时时刻刻都达到，追求完美是一种态度、一种精神，不能成为衡量成败的标准，不然这种追求非但起不了促进作用，还束缚了自己。

❷ 辩证看待完美

完美没有标准，自己认为完美的，在别人眼中可能不完美，自己认为不好的事物，在其他人看来可能就是很完美的。既然完美没有标准，难以衡量，就无须过度追求、过于在乎。家长可以用不同的方式向孩子说明如何用辩证的眼光来看待问题。

❸ 减轻压力

有些时候，孩子之所以会出现过度追求完美的状态，是因为父母本身给予他们的压力太大，给孩子太大压力只会让他陷入追求完美的怪圈，甚至因为无法达到完美的状态而选择其他的方式，比如逃避、自责。

❹ 放松心情

追求完美的孩子内心往往处于一种紧绷的状态，家长应该帮助孩子宣泄自己内心的紧张情绪，比如可以带孩子去旅游，看看外面的世界。

❺ 不贴标签

家长在教育孩子的时候，有时喜欢给他们灌输“你是一个好孩子”的概念。有的孩子特别在乎自己在父母心中的印象，这就导致他们不断地努力，小心翼翼地取悦父母，希望成为父母眼中的“好孩子”。

❻ 设置时限

追求完美反而会让做事情的效率下降，导致一直拖着无法完成，不如开始之前先设定一个时间限制，到了限定的时间无论进展如何，都要按计划结束。因为事先已经限定了时间，心理有预期，所以即便到时候结果不理想，也不至于太过失落。

孩子非常依赖父母怎么办？

非常依赖父母

● **问题：**

孩子都五岁了，在家吃饭还等着妈妈喂，衣服也等着妈妈帮忙穿，在幼儿园也是让老师帮助他，其他小朋友都可以独立地穿衣服、收拾玩具了，他却不可以。怎么让孩子不过分依赖别人呢？

专家解析

孩子看似生活上依赖，其实更多的是情感依赖，不想长大。孩子天生渴望独立，还不会走路时就挣扎着摇摇晃晃或借助大人扶持或借助学步工具想往前走，可再长大一些，孩子反而更依赖家长了，只能说是家长的教养方式上出了问题。

哪些父母更容易培养出依赖型的孩子呢？

① “超人型”父母

凡是孩子有任何困难，家长都想办法帮孩子解决，让孩子觉得任何难事，父母都可以帮他办到。

② “马上到”父母

孩子需要父母时，家长马上到；要东西时，马上满足。

③ “无微不至”父母

父母对孩子照顾得太周到，什么事都替孩子设想得好好的，孩子都不用想，更不用动手。时间长了，孩子的生活自理能力会变差，也因很享受父母的照顾，形成依赖心理。

教子有方

① 放手成长

世间的爱都是走向亲近，唯有亲子之爱是一出生就走向分离。父母必须有这个认识，要不断放手，让孩子逐步独立。有时候不是孩子依赖父母，其实是父母依赖孩子，尤其是妈妈，不舍得孩子离开自己。亲子分离是逐步进行的，原来把孩子照顾得无微不至，一下子让孩子独立自主也不现实，如果发现孩子特别黏妈妈，可以让爸爸多照顾孩子，把黏妈妈一个人变成黏父母两个人，慢慢孩子就会和更多的人接近。

② 鼓励交往

鼓励孩子多和小伙伴交往，让孩子的视界更宽广，让孩子的兴趣及乐趣涉及更多层面，那么黏人的行为可能就自然而然地消失了。

③ 引导独立

孩子的个性需要从小培养，不要总是觉得孩子太小了什么事都做不好，智慧的父母应该选择信任孩子，让孩子自己动手，培养孩子的独立性，还可以培养他们的责任心和感恩意识，从而体会父母的艰辛。

④ 及时鼓励

当孩子独立地去做一件事时，即使事情不大，做得不好，也不妨鼓励一下他做事的动机和勇气。当孩子提出自己的主张与看法时，要多肯定、少打击，对孩子合理的想法与主张要给予肯定和支持，这样，孩子的自主性就会一天天强起来。

⑤ 允许出错

鼓励孩子自己做选择，把选择权交给孩子，也就等于把责任交给了孩子，要适当允许孩子做错，允许一些不良后果的发生。关键是后果发生后，要让孩子吸取经验教训。

⑥ 爱的支持

让孩子感受到父母的爱，是孩子走向独立、摆脱依赖的根本方法。如果孩子感受不到父母的爱，就没力量向前走，就要向父母索取爱，就更依赖父母；如果父母强行把孩子推开，孩子也不会很好地自立，很可能去寻找其他的寄托。

孩子喜欢和别人攀比怎么办？

喜欢和别人攀比

问题：

孩子从学校回来，就要买一双球鞋，还指定品牌，说班里几个同学都买了。这一双鞋子上千块，对于我们这样的工薪家庭而言，还是一笔不小的支出。今年发现孩子喜欢和同学攀比，别人有什么，他也要什么。怎么才能转变孩子的这种观念呢？

专家解析

其实攀比很正常，人类因为追求享受、互相攀比，才有竞争，社会才能不断进步。不说小孩子，就是成年人也一直在攀比，真正能够知足的人又有多少呢？不过青少年不宜过分追求物质的满足，应该更多地发展优良品质、才艺特长等。孩子喜欢攀比的原因都有哪些呢？

第一，生活水平的提高，为孩子的攀比心理提供了经济基础。

第二，家长过于溺爱孩子，孩子要什么就给什么，过分的溺爱和迁就导致孩子娇生惯养。

第三，家长的自卑心理，也会导致孩子的攀比心理。有的家庭经济不宽裕，但也怕自己的孩子受人欺负、让别人瞧不起，当孩子说要什么东西时，家长就会迫不及待地给孩子准备，哪怕自己再苦再累也愿意，这也会导致孩子产生攀比心理。

第四，孩子自信心不足，内心价值感不强，内在不足外在补，孩子的内在越缺乏力量就越倾向于从外在寻求帮助和满足，用外在的东西来填补自己，以此证明自己是优秀的。

第五，随着自我意识的萌发，争胜心会变得越来越强，大多数孩子希望通过努力做好某些事或者拥有某些东西来证明自己是很优秀的，从而赢得更多的关注。当为了满足自己的争胜心而过于追求外在的东西时，那就是在攀比了。孩子的争胜心本身是没有对和错的，关键是用什么样的方式来满足自己的争胜心。

第六，很多家长经常拿别人家的孩子跟自己的孩子对比，其实这样做的时候就无形中给了孩子一个示范，他们也会不自觉地拿自己跟别的孩子进行对比；不过家长比的更多的是成绩，而孩子要比的则是眼前能够看到的东西。

教子有方

1 明确生活理念

要告诉孩子满足他的基本生活需求是父母的责任，但攀比是不对的。对于孩子提出的一些过分要求，家长一定要学会拒绝。

2 家长以身作则

家长要以身作则，不要在孩子面前表达出攀比的心理或做一些攀比的事，这样会对孩子产生很大的影响。

3 发展孩子特长

人难免会比较一些东西，如果内在缺乏，就会比较外在；如果内在外在都不如别人，孩子就容易自卑。如果家长希望孩子减少在物质上的攀比，就需要帮助孩子、引导孩子发展一些特长，可以告诉孩子，鞋子衣服等品牌的东西用一段时间就要换，旧的就没用了，但特长才艺、优良品质会一直跟着自己，多久都不会失效。

④ 培养孩子的财商

每月给孩子固定的零花钱，让孩子学习计划、支配、管理零花钱，在零花钱之内，孩子可自由支配，当然不能出现不利于健康的支出，比如抽烟、喝酒等；在零花钱之外，如果孩子需要，可以申请专项经费，说明必须开支的原因。虽然看起来有些公事公办，但较早让孩子接触金钱、了解金钱、规划金钱的使用，对孩子的成长是很有帮助的。

⑤ 发现积极意义

孩子攀比，家长可能会打压："你怎么这么爱慕虚荣呢，小小年纪整天臭显摆啥？你咋不跟别人比比学习呢？"用这样的语气来说孩子，虽然会让家长觉得很解气，但这并不会改变孩子爱攀比的行为。因为孩子都有争胜心，有的时候对孩子的成长还可以起到促进的作用。所以我们不能全盘地否定，而是要肯定可以肯定的部分，引导孩子将这种争胜的心思用在更合适的方向上。对于大多数人来说，比较的心态其实是正常的，有时候甚至是积极的，通过比较，才会有竞争，才会有进步，社会才会发展下去。孩子有比较心理是正常现象，一旦引导得当，将会起到巨大的正面作用。

孩子心里有些自卑怎么办？

心里有些自卑

问题：

工作太忙，实在没办法照顾孩子，孩子一直和姥姥在农村生活，上幼儿园了我们才把孩子接回家。回来后发现孩子有些胆怯，不敢和其他小朋友玩，孩子总觉得自己不如别人，内心有些自卑。怎么才能改善孩子的这种状态呢？

专家解析

父母早期教养的缺席，导致孩子缺乏足够的安全感，同时，孩子从农村到城市，对陌生环境、陌生事物还需要有一个适应过程。幸好这个问题发现的早，一切还不晚，家长一定要把握好这个机会，多陪伴孩子，多带孩子出去玩，一定要非常有耐心地教导孩子适应新环境，即使在大人看来再简单不过的事情，如果孩子没见过、没经历过，仍会觉得很难。

教子有方

1 正视现实

像竹子一样，一开始自给自足，只有长到足够高才能享受阳光的沐浴。

孩子自卑，是他所要经历的一段时期，正视这段时期，能帮助孩子不断积蓄能量，步步前进、节节升高。

2 鼓励尝试

孩子的自卑与动手能力差、交际能力差有着密切关系，家长不要事事包办，要给予孩子充分的锻炼机会，鼓励他去尝试，独立完成一些力所能及的事情，从而体验一次次成功。生活中一次次的成功体验就是孩子面对挫败、面对困难的心理资源。

3 肯定孩子

发现孩子的闪光点，放下对孩子过高的要求，肯定孩子的优点。爸爸不完美、妈妈不完美，又怎么能要求孩子完美呢？对孩子多一些肯定，因为父母的爱，始终是孩子最坚强的后盾。

4 榜样教育

找一些成功人士的励志故事让孩子读，父母本身也要成为孩子的榜样，让孩子乐观开朗，笑对生活，父母能站多高，就能带孩子走多远。

5 发展特长

孩子如果一直沉浸在自卑之中，是不利于健康成长的。孩子感觉自己不如别人时，父母可以帮助孩子在某些方面找到优越感，从而建立起孩子的自信。

孩子经常自以为是怎么办？

经常自以为是

问题：

孩子不管做什么，都听不进别人的意见，哪怕是表面上听了，做的时候还是自行其是、自以为是。担心孩子这样下去，长大以后对人际交往和事业发展都不利，怎么才能更好地教育孩子呢？

专家解析

自以为是的孩子往往有自以为是的父母，家长认为孩子自以为是，也说明家长没有以孩子的是为是，而以自己所是为是，本质上是一样的。正己方可正人，父母要觉察自己的行为，再耐心教育孩子，帮助孩子能够更灵活地处事。

教子有方

1 尊重孩子

家长首先要平等地对待孩子，放下身段，从孩子的角度考虑问题，不要“以势压人”。这也是给孩子做榜样，家长能和孩子共情，能站在孩子的立场上思考，孩子自然也会学着站在父母的角度去思考。要求孩子做到的，家长应首先要做到，只有这样，孩子对家长的教育才能心服口服，教育才能收到最佳的效果。

❷ 不要纵容

随着生活条件的改善，很多孩子娇生惯养，家里对孩子十分宠爱，孩子想做什么就做什么，想怎样就怎样，家长比较迁就孩子，从而导致孩子缺乏行为规范和自我约束意识。辩证看待自以为是的孩子并非都是不好的，也反映出孩子很自信，这个优点要充分肯定、不能打击。凡成功者都自信，这样的孩子在心底已经种下了成功的种子。

❸ 故事教育

讲述名人的故事，以理服人。引导孩子认识到过于自信是自负的体现，如若不及时纠正则容易走向失败。

第二章

沟 通

孩子不想和父母沟通怎么办？

不想和父母沟通

问题：

孩子小学五年级，放学回到家，闷闷不乐，问他怎么了，他也不说；有时候和我们说话也很应付，很敷衍。怎样和孩子沟通才更好呢？

专家解析

孩子之所以拒绝沟通，是因为他觉得这个沟通是无效的，或者说这个沟通让他觉得很不舒服，也许孩子一开口就会被说教，被父母否定，所以他才会拒绝沟通，选择用沉默的方式来表达自己的愤怒。孩子不说话，其实就是在表达：爸爸妈妈，你们说得不对！

还有一个原因，孩子不愿意说，是因为有些问题他不知道如何表达，如果家庭氛围不是足够安全，那么孩子是不敢说出来的。

教子有方

1 建关系

一是整体的家庭氛围要安全和谐，孩子在一个关系不良的家庭中，就像鱼儿生活在被污染的水中，时时刻刻都觉得不舒服，孩子容易出现各种问题；二是建立亲子之间的关系，亲子之间虽然有先天血缘，但是如果父母不懂得如何正确爱孩子，就是“亲而不爱”，缺乏良好的亲子关系，孩子自然有很多事都不愿意告知父母。

2 不评判

孩子不愿和家长说话，可能是因为家长总是用说教的方式对待孩子，评判孩子是沟通的障碍。所以要想保持良好的亲子沟通关系，第一件事就是放下自己的观点和评价，先听孩子说完他的观点，了解孩子是怎么想的。

3 给空间

告诉孩子，如果你想静静，不想跟我说话没关系，我可以给你一个自己独处的空间；如果你想聊的话，爸爸妈妈随时都在。

4 需反思

当孩子不跟家长说话的时候，等待虽然是焦虑的，但也是必然的，因此这时最好的方式就是离开现场，去看看我们跟孩子之间发生了什么。比如家长因为太过唠叨，让孩子选择回避，那么家长就需要调整一下表达方式，父母要反思自己这时候的状态。

5 不担心

当担心孩子的时候，就意味着在你眼里孩子是一个弱者，他需要被你保护，他什么事情都处理不好。所以父母越担心，越把他看成小孩，孩子就越不愿意跟你交流，家长与孩子之间也不会有真正平等的交流。

孩子不喜欢和父母分享学校的事怎么办？

不喜欢和父母分享学校的事

问题：

孩子回到家从来不向我们说在学校发生了什么事情，有时候看到孩子心情不好，我们不了解情况，也不知道怎么办，怎样才能让孩子给家长说说在学校的事情呢？

专家解析

家长想知道孩子在学校发生的事情，从而对孩子的生活有更全面的了解，作为家长不能直接问，如果家长像审问，孩子像做汇报一样，孩子会有压力，也会觉得无聊。但如果家长像聊天一样问，孩子可以相对放松的和父母交流，家长也就能知道孩子在学校发生的事情了。

家长需要注意的是，对孩子的生活不必事无巨细，全面了解，当孩子感觉被监控一样，可能就逆反了，和家长谈的内容也可能失真。

教子有方

家长在和孩子交流时，可以参考以下话语：

今天在学校什么事情把你逗笑了？

如果可以选择，你愿意坐在谁旁边（你不愿意坐在谁旁边）？

学校最酷的地方是哪里？

告诉我你今天听见最古怪的词语是谁说的？

你今天帮助别人了吗？

今天有人帮你做什么了吗？

告诉我一件你今天学到的事？

你今天什么时候感到最开心？

你今天在什么时候感到无聊？

在休息时间你可以选一个从来没一起玩过的小朋友一起玩，你选谁？

告诉我今天发生了什么好事？

你的老师今天说得最多的词是什么？

你觉得你在学校应该多学（做）点什么？

你觉得你在学校应该少学（做）点什么？

你觉得在你的班级里你应该对谁更好一点？

你休息时间最喜欢在哪里玩？

你感觉在你的班级里谁最有趣？为什么？

今天午饭什么菜最好吃？

孩子喜欢和大人“顶嘴”怎么办？

喜欢和大人“顶嘴”

问题：

不知从什么时候起，孩子学会顶嘴了，让他把地上的玩具捡起来，但他却说：“凭什么让我捡！”让他上学穿上外套，但是他却挑衅般地说：“不穿！就不穿！”孩子总是顶嘴，这种情况该怎么办呢？

专家解析

孩子顶嘴是一个比较常见的现象，不少家长都很头疼。其实，我们可以换个角度看，家长认为孩子“顶嘴”，但孩子认为家长在“干涉”他的行为。同样一件事情，不同的角度有不同的解读，只不过家长掌握着家庭的话语权，孩子表达不出来他的意见和声音，类似这样的一些事情就定义成了“顶嘴”。

有时，孩子“顶嘴”纯属淘气，有时则是为了表达自己的反对，宣泄自己的不高兴。孩子“顶嘴”的行为需要引导，而家长也需要反思：难道孩子事事顺从家长就一定是好事吗？

孩子在成长的过程中，“冲突和权利斗争”几乎是不可避免的。然而，大多数孩子和父母能够解决好这些分歧，在维持彼此间积极情感的同时，重新调整关系，使之变得更为平衡。那些特别叛逆的孩子背后，往往都有一个原地踏步、不肯成长的父母。所以，无论孩子处于哪个年龄段，父母保持自我的觉察和成长都至关重要。

我们需要看到孩子“顶嘴”的积极意义，如果孩子学会了“顶嘴”或者跟家长对着干，最起码我们可以确定的一件事情就是，这个孩子已经开始有“我”的概念了，孩子对于一些事物开始有自己的看法和判断标准，这个时候他才会“顶嘴”。“顶嘴”对于孩子来说意味着他正在长大，他开始有自己的意见，会表达自己的感受，有独立思考的能力，并且懂得维护自己的边界。因此，作为家长，当你的孩子会“顶嘴”的时候，其实更需要家长去肯定孩子，或者承认孩子长大了，有自我的概念存在。

同时，如果孩子能够和家长发生一些争论，甚至“顶嘴”的话，最起码证明你跟孩子之间的关系，在孩子看来是稳定的、安全的，否则他是不敢这样做的。

教子有方

❶ 正视代沟

家长要正视与孩子之间的年龄差异及各自成长背景的不同，没有两个人是一样的，何况是年龄相差20多岁、30多岁的成年人与孩子。和孩子沟通时，留意自己的沟通方式是否太僵硬，沟通不是家长表达了什么，而是孩子能收到什么，如果孩子收不到家长传达的信息，那么家长说再多也是无用功。

❷ 了解孩子

“龙生九子，子子不同”。同样的教育方法、沟通方式在这个孩子身上合适，在另外一个孩子身上可能就不合适。多子女的家庭，家长只要用心观察，就会发现不同的孩子从小表现出来的气质和性格是有所不同的。

❸ 陈述事实

家长说出对孩子所做的事情或者所说的话的感受即可，不必长篇大论地告诉孩子如何去做。现在的孩子对大道理懂得很多，因此，家长的长篇大论他可能压根就听不进去。

❹ 允许不同

允许孩子做出和家长意见不一致的决定和行为，但是产生的自然后果由孩子承担，比如天气冷时，孩子不穿衣服，如果感冒了就会有切身体会，家长说一万遍，不如让孩子亲自体验一次。家长要允许孩子和自己有所不同。

❺ 建立家规

家庭中，孩子本身应该做的家务，自己制造的垃圾该收拾的却不收拾，说明家规家风没有建立起来，孩子“顶嘴”只是一个方面，既然总是“顶嘴”，就说明生活中肯定还有其他问题，不如建立起良好的家规家风，从根源上解决这些问题。

孩子口吐脏字怎么办？

XX！好厉害！
……
宝贝你说脏话的
时候是什么感觉呢？
感觉很爽！
很有力量！
我知道了，那我们试试
用既文明又有力量的
词代替呢？
哦？
加油！！

孩子口吐脏字

问题：

孩子上小学了，经常说脏话，老师也教育过他，同时也告诉我们要督促孩子改正，我们也担心孩子这样不利于成长，可孩子一直没有改正，请问有什么方法吗？

专家解析

骂人是一种很不文明、不礼貌的沟通方式，可孩子为什么还会这样呢？

原因很简单，脏话是我们保护自己的一种方式，也是释放攻击性的一种方式，同时，它又是跟别人建立关系最简单直接的一种方式，因此，脏话一直被流传下来。甚至有时候你会发现，有些成年人交流的时候偶尔带句脏话，你会更喜欢这个人，因为他显得更真实。

对于道德感比较强的父母来说，是不能接受孩子说脏话的；另外有些父母，则会去理解孩子说脏话背后的原因。一般来说，孩子说脏话，可能是因为他得到的爱不够，或者说内心有些东西不能很好地表达出来。当然，有一些孩子整天说很多脏话，他可能是有秽语症；如果是这样的情况，我们就要区别对待。

有时候孩子骂人是为了融入群体。比如在学校里，大家都用骂人的方式表达，要是太文明，反而好像没办法和同学融到一起。因此，有时候孩子说一下脏话，可能是一种社交的需要，避免自己被边缘化。也许在他的环境中很多孩子都是这样的，我们要理解到这一点。

孩子骂人还可能是为了表达自我。比如很多青春期的孩子，觉得说脏话很酷，从而可以表达一些自己无法表达的情绪或情感，这里边有一定的道理。因为脏话能给人一种力量感，且另一方面，因为说脏话也有一种叛逆的意味在里面，所以很多青春期的孩子会说脏话，作为自我表达的一个工具。

教子有方

❶ 家长不要过于敏感

如果孩子只是偶尔说一下脏话，我们就不用过于担心和在意。有些父母经常有一个误区，就是对于孩子的很多事情特别担心、敏感、一惊一乍，这样很容易使我们放大很多事，从而陷入到焦虑里面。其实对于孩子来说，他有自己的羞耻感和道德观，如果我们能够平和地对待孩子，他自然会去思考这件事情对自己的影响是什么。

❷ 家长要反思自己的行为

父母有没有做好榜样。父母是孩子最好的老师，父母的言行，会被孩子在无意识中认同。

❸ 家长是否能够提供一个宽容的环境给孩子

当我们觉得孩子说脏话是一件大事的时候，可能我们心里边还有一个“完美孩子”在那里。就像你随时拿着放大镜去看你的孩子，你会发现孩子身上有很多让你无法接受的东西，其实这时你已经忽略了自己孩子的真实状态。实际上，如果我们不去把说脏话这件事情放大，并且不绝对禁止的话，反而它慢慢就会过去了。但如果我们一直盯着这件事不放，有可能就会引起父母跟孩子之间的一种纠缠，甚至于孩子可能会用这个东西来攻击你。就像“你要我怎样，我偏不怎样”，反而强化了孩子的逆反行为，又或者他会隐藏得更深。

4 合理管教

对长期不改的说脏话的行为，批评完全是必要的，但要适度，而且要一对一，不要在大庭广众下批评他，要保护他的自尊心。在批评时，语气要坚定、要严肃，不要打骂。

5 关注正面

对孩子的好行为要充分表扬，让他有对比，就相对容易改正。

经常打断别人的谈话怎么办？

经常打断别人的谈话

问题：

孩子6岁，总喜欢打断别人说话，有时候我打电话，孩子就一直在喊我，我示意孩子，我在打电话，他还是一直喊。带孩子参加朋友聚餐，我正和朋友谈事情，孩子就凑过来说话，朋友的孩子和我孩子年龄差不多，却很懂事。怎样改正孩子这种问题呢？

专家解析

不少人都有打断别人谈话的经历，有些人因为个性急躁，有些人却是习惯，这种行为不仅没有礼貌，也不尊重对方。孩子生来就有喜欢模仿周围人行为的特点，由于刚开始学习语言，有着强烈的表现欲望，因此听到大人的对话，就想“表达”自己的观点，就很容易模仿父母因急躁而打断别人谈话的行为。

还有一种情况，是孩子在表达自己想法时，大人常常不在乎，没有倾听孩子，孩子迫不得已，只能打断大人的谈话，长此已久，形成一种不良习惯。

教子有方

家长平时要养成等他人把话说完，然后再表达自己观点的好习惯。

当想打断他人说话时，可以先和对方说：“对不起，我想请问……”以便让孩子学会礼貌地询问他人。

当孩子打断谈话时，家长要及时指出来，让孩子明白自己的行为是不正确的。

在家里孩子表达想法时，家长要及时倾听；如果大人在忙，就告知孩子原因，请他稍等一下。

告知孩子什么情况下，不紧急的事情不要打断别人谈话，可能孩子不是太明白，多讲几次、多举几次例子，孩子也就明白家长的意思了。

孩子对人说话不礼貌怎么办？

对人说话不礼貌

问题：

上周末，我们公司加班，顾不上照应孩子，让儿子小姑带着孩子外出就餐，回来后，孩子小姑告诉我，在吃饭时，她让孩子少吃些冰激淋，孩子却说："你又不是我妈妈！别再整天唠唠叨叨！多管闲事！"孩子说话这么不礼貌，该怎么办呢？

专家解析

孩子不礼貌的现象现在很普遍，不少孩子是在"蜜罐"里长大，在温室中呵护着，家长精心养育，有些孩子的不礼貌行为甚至到了对长辈都有些跋扈的地步，可家长总觉得没什么。

孩子是一面镜子，看到孩子的行为，家长要反思自己的教育方式，从家长改变开始，从而影响孩子改变。

教子有方

1 倾听孩子

孩子虽然不礼貌，但心里肯定有自己的想法，如果直接要求孩子道歉，反而会引起孩子的逆反，即便道歉了，可能孩子从此更排斥小姑，对以后并无益处。充分倾听孩子，让孩子说说他的想法。可能孩子本来就做好了回家挨一顿批评的准备，如果家长反而和颜悦色的对待他，从而让孩子放下戒备，感受到父母的关心，这样，孩子更容易接受父母的教育。

2 要求道歉

虽然孩子的道歉并不是认真并发自内心的，但这是给他的一个教训，即他必须为自己的行为负责，并且让他学会如何补偿其所做的错事。也许以后他还会犯同样的错误，每次都让他道歉，他就会渐渐地接受教训，不再犯或者减少再犯的次数。

3 以身作则

父母在教育孩子的过程中，切记：身教大于言传。孩子有没有礼貌不是天生的，是后天培养出来的，而且孩子天生就喜欢模仿别人，所以爸爸妈妈在生活中要注意自己的言行举止，注意讲礼貌，尊敬老人，给孩子树立一个好的榜样。

4 教导表达

父母应合理教导孩子如何表达自己的想法，而不是用顶撞的方式去攻击他人，比如可以对姑姑说“我很喜欢那种冰激淋，平时很少能吃到，我再吃一个就好了”等。

5 给予建议

父母也要掌握一些生活常识，吃正餐时的确不适合吃太多冰激淋，很容易引发肠胃炎，把生活常识告知孩子，给予建议。

6 合理奖惩

如果孩子在适当的场合表现得体，或者展现出有礼貌的良好举止，就奖励一张贴画；如果表现粗鲁无礼，就拿走一张贴画。当贴画积累到一定数量时，可以让孩子选一件自己喜欢的小玩具或书籍，以进一步强化孩子的礼貌行为。

第三章

情 商

孩子比较固执任性怎么办?

比较固执任性

问题：

孩子3岁多，喜欢想当然地按照自己的意愿行事，有时候感觉孩子是不可理喻的胡闹，可如果不答应他的要求，他就会大哭大闹，难以平息。我们当家长的非常头疼，如何是好？

专家解析

孩子出现这种现象，一是任性，没有养成良好的习惯；二是秩序感作怪。两岁以后的孩子，随着生活范围的扩大和探索能力的提高，他们发现自己可以控制越来越多的东西，由此也变得喜欢挑战大人。所以我们常说这个年龄的孩子已经进入了“第一个心理反抗期”。孩子喜欢尊重既定的习惯或程序做事，并期待世界按照这种秩序感运行，一旦秩序遭到挑战，他就会为了维护这种秩序而抗争。比如孩子玩玩具方面，你会发现，从3岁左右开始，孩子喜欢把玩具按一定顺序排列。

这个时候孩子发展秩序感是成长中的正常现象，和成人的固执并不一样，如果孩子这个阶段发展顺利，就会对生活有比较强的主观掌控感，如果家长在这个阶段打压孩子，那么孩子长大后可能在自立自主性方面不够好。

教子有方

❶ 冷处理

孩子胡闹时，先让他一个人待着，不予理睬，直到他情绪平息，能够正常和大人开展对话。

❷ 听要求

多体察孩子的秩序要求，尽量顺从这种要求，在吃不准的情况下，还可以多征求他们的意见，以免不小心惹火了小家伙。尽量满足那些合理的或者是非原则性的需求。对于那些原则性的要求，如果家长不能满足，则要理解孩子，做好抚慰工作，通过拥抱、讲道理、转移注意力、寻找替代目标等平息孩子的痛苦。

❸ 知心理

家长要掌握一定的幼儿心理学、家庭教育知识，只要了解了孩子不同成长阶段的不同心理需求，就可以更好地了解孩子行为背后的心理需求和动机。

❹ 立规则

夫妻双方在孩子教育的大方向上最好统一认识，否则会出现孩子闹起来时两个人反差较大的处理方式，这样很容易让孩子“钻空子”。拟定家规，不仅约束孩子，也约束父母，形成家规家风，孩子就不会那么任性了。

孩子胆子比较小怎么办?

轰隆隆
打雷了，我害怕！
打雷是怪兽在吼叫……
你知道打雷是怎么回事吗？
下雨时有的云带阳电，有的云带阴电……
阳电
阴电
呯！
碰到一起的时候就会放电，释放热能发出声音就是雷声啦。
原来打雷是这么回事啊，我不害怕啦！
解释事情的原理，帮助消除恐惧……
轰隆隆

胆子比较小

●问题：

孩子10岁了，很胆小，怕这怕那，公众场合不敢说话，甚至在家里，来了不太熟悉的客人，孩子也不怎么说话，躲躲闪闪的。怎么帮助孩子？

专家解析

孩子胆小有很多可能，以下是常见的几种原因。

家长平时对孩子呵护的太紧，动辄提醒孩子这里危险、那里不能动，致使孩子感觉周围充满了“险情”；

家长喜欢用吓唬的方式教育孩子，这使孩子缺乏安全感；

孩子有过受惊吓的体验；

孩子天生为抑郁质的气质类型，比较容易羞怯。

家长需要结合自己孩子的情况，具体判断是什么原因，当然也有可能同时由多种原因导致孩子胆子小。

教子有方

教养孩子时要适度放手，既不过分保护孩子，又要给孩子提供相对安全的活动空间，避免经常对着孩子提醒这样那样的危险或者让孩子遭遇这样那样的危险。

避免用吓唬的方式教育孩子，以免剥蚀孩子的安全感。多与孩子一起运动和游戏，让孩子知道父母是关爱他的，父母是他成长最坚强的后盾。

如果孩子不慎受了惊吓，要注意帮孩子“脱敏”。比如，如果孩子滑滑梯时不慎摔了下来，就需要想办法让孩子体验到只要防护得当，其实滑滑梯并不会那样容易就发生意外。

如果孩子生而“胆小”，则家长要对孩子的行为多一份宽容，不要急于改变孩子，以免给孩子造成更大的压力。家长对孩子的行为不要限制太多，否则会导致孩子不敢去尝试、不敢去实践。

需要注意的是，任何时候，都不要当面对孩子说“你怎么这么胆小”“我们家孩子胆子太小了”之类的话，以免孩子受到消极的心理暗示。

让孩子学会一项新技能，鼓励孩子多展示，让孩子明白自信来源于实力。

让孩子平时多参加些集体活动，多到陌生环境中去锻炼。

孩子故意和大人作对怎么办?

故意和大人作对

问题：

孩子6岁多，变得不那么“听话”了，以违背大人的意志为乐，有时还特别执拗，让人手足无措。讲道理孩子又听不懂，经常把我们气得不行。我们该怎么办呢？

专家解析

6岁起，孩子的自我意识开始较快发展，孩子会越来越有自己的主张，所以，6至8岁又被称为孩子的“第二个叛逆期”（第一叛逆期是2至3岁），但成年人出于社会规范的限制，往往会对孩子实行各种各样的限制，偏偏孩子还不懂得拐弯抹角，于是便经常公然反抗，以至于有“故意作对”之嫌。

教子有方

1 正确认识孩子的“叛逆期”

正常情况下，孩子会经历三个叛逆期，即2至3岁的宝宝叛逆期，6至8岁的儿童叛逆期，12至18岁的青春叛逆期。认识到“叛逆”是每个正常孩子都必然会经历的一个阶段，家长要尝试调节自己的心态，以适应孩子特殊阶段的表现。

❷ 设定规则

比如，孩子喜欢看电视，允许孩子看，但要有个时间限制，玩完或看完就得睡觉。

❸ 正话反说

比如，孩子有时候挑食，很难劝他去吃某个东西，遇到这种情况，大人可以在吃这个食物吃得津津有味时，故意说："不让我面前的这个小孩儿吃哦，他可不能吃这个。"孩子一听自己不能吃，通常会和家长抢着吃，往往孩子原本不想吃的东西就在这样的争抢中吃进去了。

❹ 注意安全

对孩子要以宽容、尊重和艺术地处理为主，但涉及安全问题时就要坚持底线。比如，不让孩子动插座、玩刀子等。紧急情况下，必须当即制止，事后最好跟孩子讲清其中的道理，孩子也需要这样的规范来明白行为的限度，这有助于他们的正常社会化。

孩子乱发脾气爱哭闹怎么办？

乱发脾气爱哭闹

●问题：

孩子稍不顺心就大哭大闹、大吵大叫，甚至摔东西、撒泼打滚，而且很难平息，有时候还会持续很长时间，很难劝阻。用了很多方法都没效果，该怎么办才好呢？

专家解析

每个人都有个人边界，当我们的边界被侵犯的时候，就会产生攻击性，来维护自己的边界。比如一个小孩子明明已经吃饱了，但妈妈还是不停地在喂，他就会挣扎反抗，甚至掀桌子发脾气。孩子已经不想吃了，可妈妈还是要逼他吃，那么孩子的边界就被侵犯了，需求也没有被看见，于是孩子只好用发脾气的方式来表明他真的不想再吃了。

因此，当孩子发脾气的时候，家长可能需要思考一下，在这之前，你对他做了一些什么？你有没有尊重他的主观愿望？有没有侵犯到他的边界？或者有没有给他机会表达他自己的想法？

若孩子只是偶尔发发脾气，也不过分，应该说是比较正常的。发脾气并不是坏行为，只是一种情绪的发泄，爱发脾气的孩子也并不是坏孩子。但问题是，现在许多家长只重视对孩子认知能力的培养，而忽视了对其进行情绪管理教育。如果加上父母对自己的情绪也疏于管理，以及父母对孩子的溺爱，想让孩子不发脾气都难。

所以，孩子性格一方面是天生的，另一方面则是父母给的，而发脾气的习惯，也是父母“示范”和惯出来的。因此，帮助孩子自己找到情绪体验背后的原因，学会情绪管理，这对于孩子来说也是很重要的学习内容。

教子有方

1 接纳情绪

孩子发脾气，就是一种情绪发泄，宜疏不宜堵。所以，不管孩子是否有错误在前，也要给孩子宣泄不良情绪的机会，甚至还可以在理解的基础上，允许孩子进行一些活动，如在纸上画画、打枕头和被子等柔软的物品，来发泄情绪。当然，此时家长的语言安慰、拥抱，也都能够很好地保护孩子的自尊心。但如果家长这时一味地训斥指责孩子，就会给孩子造成二次情绪伤害。

其实，接纳孩子的情绪是可以和倾听一起做的，就是用眼、表情、耳来倾听，用身体接触，以放松的体态、轻柔的抚摸来认同情绪。当家长认同孩子发脾气的情绪时，就不要和孩子讲大道理、埋怨、预言式总结、批评，这些都会适得其反。

学会接纳孩子的脾气固然重要，但如果还没有足够的耐心处理孩子的脾气，就不要硬撑着，可以让其他家人帮着留心处于脾气风暴中的孩子的安全，自己到另一个房间冷静一下，离开之前可以跟孩子解释一下，比如“妈妈感到自己的脑袋都快爆炸了，看来妈妈需要冷静一下”之类的，但千万不要说些“再哭就不喜欢你了”“哭够了再来找我”之类的话，我们可以让孩子看到自己耐性的极限，但不能否定孩子的情绪，以免给孩子的痛苦雪上加霜。

② 用心倾听

当孩子发脾气时，由于其情绪的不稳定，此时家长就需要保持平静，温和地做出倾听反应，让孩子感觉你在关注他，避免矛盾进一步恶化。如果上来就强行制止、训斥指责或劝慰，孩子反而会变本加厉。需要注意的是，孩子在发脾气时，原因可能表达不清楚，或者不会说出真实原因，所以家长可以观察孩子的身体语言以进行适当的猜测。

③ 探究原因

没有无缘无故的脾气，当孩子发脾气时，家长还应学会查找发脾气背后的原因。比如，是否忽略了孩子的某项需求？是否自己处理冲突的方式让孩子产生了不公平感？孩子是否遇到了学习障碍？类似这类追问更容易帮家长对症下药。家长妥善的处理方式会让孩子从中学会设身处地的解决问题，从而让孩子得到成长。

④ 对症下药

在解决孩子发脾气的处理原则上，其核心是：对孩子正当、合理的需求，应主动、尽量满足；而不合理的要求，父母则“温和而坚持”地不能答应，同时要帮助孩子提高自控能力。当拒绝孩子不合理的要求时，有可能会使孩子的脾气死灰复燃，这就需要家长重复上面的步骤。这也是侧面告诉孩子，吵闹、发脾气是没有用的。

对于孩子反复发作的脾气，家长一定要“温和而坚持”，不能因为孩子哭闹时间太长而失去耐心，也不能轻易放弃自己的原则。家长要让孩子知道发脾气是不会解决任何问题的。但如果家长妥协，孩子就会觉得“哭闹发脾气”可以当成对付父母的武器。

5 教导孩子

孩子发脾气，正是教育孩子的一个契机，家长应该告诉孩子，什么是合适的情绪表达，遇到问题应该用什么样的行为，来向别人表达自己的感受。

解决孩子发脾气的关键是，家长要在平时多进行预防工作，在孩子针对某事未发脾气前，要及时表扬他。例如，赞许、鼓励、拥抱、微笑等，或者增加玩耍、讲故事的时间，使孩子知道你注意到并赏识他的好的表现。这样长久以往，孩子自然知道不通过发脾气来解决问题，就会得到父母更多的关注和陪伴。

孩子经常哭哭啼啼怎么办?

经常哭哭啼啼

问题：

孩子都上小学了，遇到事情就哭哭啼啼，让人心烦意乱，怎么才能让孩子不哭，学会正常表达呢？

专家解析

有些家长一听孩子哭，心就会很乱，就会发火，这可能是自己在幼儿时期就不被允许哭，所以，家长要不断学习，不断自我修行。

家长要知道孩子的情绪不是针对自己的，孩子不会说话时，只能用哭来表达自己的需求，吃喝拉撒睡，都只能通过哭来表达；慢慢长大后，当孩子遇到一些麻烦事时，还是很容易退回到幼儿时期，理性思维不起作用，就用哭来表达情绪了。

也可能是家长的不当反应，让孩子学习到可以有目的性地哭，一般3岁以后孩子的哭，可能就具备一定的目的性了，因为不少家长不喜欢孩子哭，孩子一哭就答应孩子一些要求来哄他，孩子就会觉得哭是获得一些条件的手段。

教子有方

❶ 不打骂

有的家长见到孩子哭，就用打骂等粗暴的方式吓唬孩子，有的孩子反而变本加厉地哭，有的孩子虽然暂时不哭，但只是把自己的负面情绪都压抑起来了，这样反而对孩子更有害。

❷ 允许哭

有的家长见到孩子哭，就好像有什么不得了的事情，想尽一切办法让孩子不哭，其实应该允许孩子哭，哭是孩子的一种情绪表达。让孩子哭，哭累了，拿热毛巾给他擦把脸，然后温和地告诉他，想哭可以继续哭，允许孩子情绪流动。

❸ 不说教

孩子正闹脾气时，家长不管说什么对于孩子而言都是噪声，越说越闹，家长要听孩子说，而不是在这个时候教育孩子，哪怕家长的话再有道理，在孩子有情绪时也不要讲道理。

❹ 不走开

有的家长一气之下走开，让孩子在那里哭，这不是允许哭，这是一种冷暴力，同时，在孩子情绪激动时，把孩子一个人晾起来，也不安全。孩子的哭闹可能就是想引起家长注意，那就陪着孩子，不心疼，不让步，不否定。经过一次以后孩子就会明白：爸爸妈妈允许我哭，但一直哭闹是没有用的。

❺ 给温暖

孩子哭，家长可能认为孩子是在无理取闹，其实这只是家长的角度，站在孩子的角度，只要闹，肯定有他的道理。当孩子情绪平静下来可以抱一抱他，说爸爸妈妈爱你，给予孩子温暖和理解，帮助他舒缓情绪。

6 教会孩子用语言来表达需求和感受

例如：“妈妈，我很喜欢这个玩具，你不买给我，我真的很生气！”告诉孩子发脾气、哭闹并不能产生任何作用和效果，而好好说话、合理谈判并讲出自己的想法和理由却能得到更多回应与帮助。

7 引导孩子正确表达情绪

例如，撕报纸，打枕头，找个无人的地方喊几声：“我很生气！”如果孩子有不良的行为要及时制止，如打人等，告诉他这是不对的。

家长坚持温柔的教育，慢慢地孩子就会明白家长的底线，就会学会遵守规则并放弃这种发脾气哭闹的方式。

孩子遇事容易紧张怎么办?

遇事容易紧张

问题：

离“五一”还有十来天，孩子到时要参加市里的少儿演讲比赛，现在每天都告诉我他很紧张，有些害怕，怎样才能帮助孩子消除紧张呢？

专家解析

心理学家认为，紧张是有效的反应方式，是应对外界刺激和困难的一种准备。有了这种准备，便产生了应付瞬息万变局势的力量，因此紧张并不全是坏事。自我消除紧张状态，建立自信，充分准备，这些适应变化的方式是消除紧张心理的主要途径。

教子有方

1 肯定孩子

孩子之所以会紧张，是因为对于自身能力或者处理的事情有所担心。对于这样的孩子，家长要学会对孩子进行肯定，可以反复告诉孩子：“你是可以的”“你很多次的比赛都证明了你的能力”等，从而帮孩子告别紧张和焦虑，树立信心。

② 接受底线

孩子紧张，还有可能是害怕出现不理想的结果，这样的孩子往往自尊心比较强，赢得起输不起，不妨和孩子一起设想一下最差的结果可能是什么？提前接受比赛底线，最差的都能接受了，还怕什么呢？

③ 转移注意

孩子之所以会出现紧张的情绪，是因为注意力集中于某一事情或者事物，进而引发了心理问题。对此，家长可以帮助孩子转移注意力，当关注点变化之后，孩子一般会忘却之前引发自己烦躁不安的事情，这样就可以调节心情。

④ 正面回忆

让孩子回想快乐时光，或者曾经取得过的成绩。这些美好的回忆，能够让孩子保持乐观的态度，从而告别紧张的心理，积极乐观地投入生活之中。

⑤ 预讲练习

导致紧张的原因除了太在乎比赛结果和对自身能力不自信，还有一个情况就是参加的少，出于对事物的陌生感往往会导致紧张，比赛前不妨在家里让孩子多进行几次预习演讲，设置一个高台，尽量布置一个和比赛环境类似的场景，让孩子提前找找感觉。如果条件允许则可以提前几天去一下正式比赛的场地，让孩子熟悉场地，从而减少陌生感和紧张感。

孩子经常担心或焦虑怎么办?

经常担心或焦虑

● **问题：**

孩子儿童节表演唱歌时忘词了，之后就开始常常担心自己做错事或是说错话，也不太敢跟同学玩，大多数时间是一个人在一旁默默地玩，变得越来越不敢说话了。怎样才能帮助孩子解决担心焦虑的问题呢？

专家解析

孩子对事情有太多担心说明孩子很在乎这些，或者是很在乎他人对自己的评价。家长要反思是否对孩子有太高的要求，从而导致孩子十分敏感。如果感觉大人要求很高，他达不到，就难免紧张担心，害怕遭到惩罚。

教子有方

① 放松身体

身心一体，心理上的担心多虑，会引起生理反应，包括肌肉紧张、呼吸急促、心跳加速等，而这些生理的紧张状态，往往会导致焦虑感升高。减少孩子的担心，可以先放松身体；身体放松了，心理也会放松些。

渐进放松法：先局部练习手、脚、额头、脸、下巴等部位，用力收紧，然后放松，让孩子区分放松和紧张的感觉，之后再慢慢扩展到全身放松。

想象放松法：通过想象让孩子学习放松，比如让孩子想象自己是个机器人，全身僵硬，之后又变成棉花人，全身软绵绵。

2 父母放松

研究发现，高焦虑的孩子往往有个高焦虑、高标准的家长，这类家长在无形中便会通过语言或非语言的方式将焦虑传递给孩子。因此，父母照顾好自己的情绪，保持弹性、乐观的稳定情绪，是帮助孩子处理好情绪的前提。

3 保护接纳

当孩子感到不安、莫名担心时，家长要温和、坚定的接纳与保护孩子，并安慰孩子的情绪。对孩子的接纳，并不只是言语的表达，更重要的是非语言的信息传递。当孩子担心时，抱抱他，静静地陪在他身旁听他说话，让孩子相信自己有力量面对担心、害怕的事物，让孩子清楚地感受到你的爱与接纳，进而产生安全感，进而就能渐渐地消除焦虑的情绪了。

4 合理应对

面对孩子的焦虑，父母通常会有两种典型反应：一是过度保护，当孩子害怕时，就帮孩子移除害怕的事物，直接保护孩子。这对年纪小的孩子来说，或许是一种妥善的处理方式，但过度保护四五岁的孩子，反而会让孩子习惯依赖父母，失去自我成长的机会。二是指责，面对孩子的焦虑，父母经常随口说“这有什么好怕的，不要瞎担心”，久而久之，孩子的自我效能感降低，自我意识会认定自己是一个胆小的孩子。因此，过度保护或言语指责都是不恰当的处理方式。

孩子总是抱怨发牢骚

以前的妈
?
上学怎么这么累啊……
妈妈要工作还要搞家务做饭，我都没说累，你还说累！
哼！
一点也不理解我……
儿子回来啦！
上课好累呀……天天都要做题……
来一个大大的拥抱——学习这么辛苦你还在努力坚持，妈妈为你感到骄傲！
我会继续加油的！
现在的妈

总是抱怨发牢骚

问题：

我孩子上幼儿园中班，本来应该是阳光可爱的年龄，可是遇到事情总是喜欢抱怨，刚开始我们都觉得挺可爱的，时间长了，才发现孩子这是抱怨。孩子这么小怎么就开始发牢骚抱怨呢？

专家解析

孩子喜欢发牢骚，肯定有原因，家长应该弄清楚孩子是对所有事情都抱怨，还是对某些特定的事情抱怨，或是在哪些情境下喜欢发牢骚？

孩子喜欢发牢骚一是孩子受周围人的影响，尤其是家长；二是这是孩子的一种减压方式，发牢骚一般是抱怨他人抱怨社会，这样一来，孩子自身就不用承担事情做不好的相应责任。

教子有方

1 引导孩子使用中性词

语言是有能量的，正向语言能带给人力量，负面语言则能让人低沉，帮助孩子把抱怨性的词句改变为中性词语，例如，“烦死了”“真讨厌”改为“不可理解”“有些难度”等。

❷ 多看孩子优点

家长不应对孩子发牢骚，应经常看到孩子的优点，即便是孩子有些事情做得不太好，家长也要一分为二地看问题，看到孩子缺点的同时也要看到其优点。

❸ 建立正向积极的家庭文化

家长之间要相互欣赏相互赞美，建立正向积极的家庭文化，孩子耳濡目染，在家长的熏陶下，就不再抱怨、发牢骚。

❹ 告知孩子结果

帮助孩子分析经常发牢骚会给自己带来哪些负面的影响，当孩子认识到发牢骚不但无助于解决问题，还可能会让问题恶化或者复杂化，这样就能从主观上产生不再发牢骚的认知。

孩子优柔寡断没有主意怎么办？

优柔寡断没有主意

问题：

儿子高高大大，乖巧听话，但几乎从来没有自己的主见，性格上表现得优柔寡断。比如学校组织春游，问他想买什么东西，他总是选来选去拿不定主意；和同学在一起，同学说什么，他也从来提不出什么反对意见。

专家解析

生命的意义在于选择。很多父母担心孩子会错误地选择，所以从来也不给孩子选择的权利，甚至是代替孩子去做选择。孩子也因此失去了锻炼的机会，当遇到事情要做选择时，他就拿不定主意，容易形成没有主见、犹豫不决的性格，然而，这会让孩子变得越来越不自信，越来越自卑。

没有主见的孩子，主要是对自己没有信心，因为无论做出什么样的决定，都可能得到父母的否定、指责，甚至惩罚，没有主见就变成了他们的“防御盔甲”，所以没主见的背后往往是喜欢控制、指责和否定的父母。有些父母常常觉得自己的孩子不够自信、没有主见，其实很有可能是自己把孩子的自我选择能力剥夺了。

教子有方

1 适当放手

作为父母，有时候我们需要适当放手，让孩子自己去做决定，让孩子学会选择和承担。只要不涉及原则性的问题，比如伤害自己、伤害别人等，就可以且应该让孩子自己去决定自己的选择，比如孩子过生日的时候想请哪些人，给孩子挑选喜欢的衣服、图书玩具等，让孩子去面对和承担选择之后的结果。

2 尊重孩子

让孩子表达意见，比如平日里想吃什么菜或是挑选哪样商品，询问孩子选择的理由，既让家长了解孩子的偏好，也锻炼了孩子的语言表达能力与思考能力。

3 智力游戏

父母可以向孩子提出一个问题，然后让他想出多种解决的方法，在游戏中孩子就会不知不觉有了自己的想法，然后慢慢培养孩子在生活中的主见。

4 批评有度

对于孩子做错的事情，家长不要揪着不放、批评太多，否则会导致孩子的内在价值感降低，做事情也没有主见、优柔寡断。

孩子对情绪感知比较迟钝怎么办？

对情绪感知比较迟钝

问题：

孩子活泼聪明，哪里都好，就是有一点，不太能感觉到别人的情绪变化。有时候和同学玩，同学心情不好，他还开玩笑，结果和同学闹得不愉快。孩子对情绪方面感知比较迟顿，这是怎么回事呀？

专家解析

情绪感知力好的孩子，可以降低注意力的分散，专注程度更高，学习的效率也能够更高。

情绪感知力低的孩子，往往不会换位思考，不善于察言观色，会经常因为人际关系而伤神和费心，这些孩子也更加容易产生心理问题。

情绪往往从面部表情、姿态、语调方面表现出来。中国人习惯把情绪分为喜、怒、哀、乐、悲、恐、惊等七种。要感知他人的情绪，一是要分析客观事实，他人的需求是否得到满足；二是要分析其表情，注意观察对方的表情、姿态、语调。从这两个方面有意识地培养孩子的情绪感知能力，并不断练习，方可防止感知固化。

教子有方

1 接纳情绪

父母要做的第一步便是学会共情、接纳孩子的情绪，承认孩子的情绪，帮助孩子正确认识情绪，这样孩子才能对情绪有一个较为全面的认识。只有孩子具备了对情绪的全面认识之后，才能够培养起自身的情绪感知力。

2 了解原因

在孩子闹情绪时，有些父母不分青红皂白，一味地压制孩子。这样做并不能解决问题，父母只有全面地认识孩子闹情绪的原因，才能够帮助孩子转化和释放自身的情绪。

3 关注他人

要想提升情绪感知力，就要摆脱以自我为中心的行事方法，关注周围的人，尝试去体验完全不同的生活。在人与人的交往中，一个眼神、一个表情等，都可能反映出人的心理情感。通过对他人情绪的观察与体验，来提高对他人情绪的感知力。

4 情绪日记

建立家庭情绪日记，记录自己和家人开心的事件、情绪失控的事件的关键点，并持续跟踪这种情绪及事件结果。这样孩子可以更好地了解自己和家人的情绪敏感点。

孩子比较冷漠缺乏爱心怎么办？

比较冷漠缺乏爱心

问题：

老大比较冷漠，缺乏爱心，对弟弟很不在乎，也不关心，只考虑自己吃喝，弟弟有时候还主动拿零食和小朋友分享，老大却从来不分享自己的零食和玩具。怎样培养孩子的爱心呢？

专家解析

孩子缺乏爱心有两种原因。

其一，父母对孩子表达爱的方式出现了问题，许多父母只知道一味地疼爱孩子，却忽略了给孩子提供奉献爱心的机会。其实施爱与接受爱是相互的，如果只是让孩子接受爱，渐渐地孩子就丧失了施爱的能力，只知道索取，不知道给予，并且觉得父母关心他是理所当然的。

其二，还有一种情况，就是粗暴式的教育，即对待孩子过于苛刻或处理问题比较暴力，在这种成长环境下，孩子与家长的关系会慢慢变得生疏，甚至会出现敌视的态度。时间长了，在孩子的成长中，也会对身边人采取冷漠的态度。

教子有方

1 爱的流动

有的孩子在家中有求必应，父母一味地顺从孩子，孩子把父母的付出当作理所当然。这样的爱是从父母流向孩子，是单向的流动；有的父母对待孩子过于苛刻或处理问题比较暴力，这样的家庭父母缺乏爱，孩子感受不到爱。没有爱的双向流动，孩子就缺乏爱心。

2 爱的示范

家庭是爱心的培育基地，父母是最直接的爱心传播者。父母可以从家庭和身边做起，逢年过节时，带孩子回老家看望老人；老人过生日时，打电话或送礼物回家表示祝贺。邻里有困难时主动伸出援助之手，这些做法都会给孩子带来积极的影响。

3 将心比心

爱心需要培养，当某地发生灾情，家长可引导孩子“那里的小朋友没有饭吃，很饿，没有衣服穿，你想想，如果你也在那里，会怎么样”？这样，孩子的爱心不知不觉就培养起来了。

4 爱的机会

给孩子爱的机会，让其体验爱的快乐。帮助父母做家务，给父母端饭递茶，探望生病的亲友和老师同学，要让孩子多参与公益事业，带孩子向鳏寡孤独和贫弱病残等弱势群体献爱心等。在这个过程中，让孩子体验和享受付出爱的快乐，从而更有意识地、主动地去爱。

学会接受孩子的爱，很多家长已经习惯了为孩子付出，而当孩子在付出自己的爱心时，他们会因为心疼孩子而做出“拒绝”的行为。殊不知，这样做反而会伤害孩子表达爱的积极性。

爱是一种双向的情感交流，只要我们注意在日常生活中对孩子一点一滴的培养、一言一行的引导，那么相信孩子“爱心”的种子终究会长成参天大树。

孩子遇到事情一声不吭生闷气怎么办?

遇到事情一声不吭生闷气

问题：

孩子遇到事情一声不吭，就一个人在那里生闷气，怎么劝说也不行。怎么才能让孩子学会正常表达情绪呢？

专家解析

孩子生闷气，不会表达情绪，主要原因：一是孩子语言能力不发达，不知道如何表达自己的想法；二是孩子曾经表达过，但家长都忽视了，孩子认为说了也没什么用，遇到事情不开心，就只能自己生气难过了。

有些情况也是孩子成长的标志，比如孩子自己也意识到这件事情自己做得不对，就不好意思说出来，别说是小孩子，即便是大人，承认自己的错误有时候也很难。

教子有方

1 有耐心

有的家长劝说孩子没有效果，一气之下走开，把孩子一个人晾起来，这样会让孩子感觉到失落，得不到父母足够的爱和保护，以后可能会更容易一个人生闷气。因为他认为，父母是靠不住的，喜怒哀乐都是自己的事情，反正自己的感受，父母也不会在乎，久而久之，可能就会封闭自己。

孩子发脾气，无论是哭闹，还是生闷气，可能就是要引起家长注意，希望家长陪陪他、关心他。家长要有足够的耐心陪伴孩子，等待孩子说出他的想法，如果家长确实有事情忙，就明确告知孩子“爸爸或妈妈现在要做什么；如果你想好需要告知爸爸或妈妈，喊我就行了”，而不是说教。孩子正闹脾气，家长说什么对于孩子而言都是噪声，家长要听孩子说，而不是在这个时候教育孩子，哪怕家长的话再有道理，在孩子生气时也不要讲道理。

② 给温暖

孩子生气，家长可能认为孩子是在无理取闹，其实这只是站在家长的角度，站在孩子的角度，肯定也有他的道理。如果孩子确实不愿意表达，就不要强求，不然孩子会更紧张，其实家长可以和孩子多一些情感链接，比如抱一抱孩子，说爸爸妈妈爱你，给予孩子温暖和理解，从而帮助他舒缓情绪。

③ 留空间

并不是孩子所有的郁闷情绪都需要家长解决，给孩子留出时间和空间，让孩子自己调整心情，这也是孩子自我成长的机会。正像网络上一句流行语所说的“我想静静”，有时候人心情不好的时候，无须任何外力帮助，一个人静静也就好了。

④ 练表达

上路驾驶前需要在驾校学习驾车，学生大考之前会有模拟考试，节目表演之前会有彩排……同样，如果在平时，孩子心情平静的状态下，对孩子就如何表达情绪进行练习，教导孩子如何正确表达情绪，等孩子真的有情绪出现时，孩子就可能会使用练习时的反应方式。

家长坚持理性与温柔的教育，清晰地表达教育理念，慢慢地孩子就会明白家长的用意，学会合理处理情绪并放弃无效的应对方式。

第四章

逆商

孩子不能接受批评怎么办？

不能接受批评

问题：

我家孩子是个“顺风耳”，顺心的话、好听的话能听，不顺心的话接受不了，一批评就生气。怎么办呢？

专家解析

孩子接受不了批评主要有三个原因：

一是孩子生活太顺心了，接受不了挫折感；

二是孩子受的批评打击太多了，已经开始逆反了；

三是父母没有起到应有的榜样作用，父母本身也不能接受批评。

教子有方

1 委婉批评

孩子做事既有自己的想法，又无法理解父母的苦衷，如果家长采用委婉的方式批评，则不仅不会让孩子反感，还能达到春风化雨的效果。

② 批评时给孩子解释的机会

家长在批评孩子时一定要给孩子解释的机会，这也是给自己弄清事实、帮助孩子改正错误争取一个机会。

③ 家长示范

父母在相处时，如果一方提出另一方的问题，有问题的一方要虚心接受，给孩子做出榜样。同时要利用这样的机会，趁机教导孩子，当别人提出不同意见时，要如何应对。

④ 提升孩子信心

有的孩子自卑，所以受到批评后会有不安、抗拒、难受的感觉。想让孩子克服这个问题，父母就要多尊重孩子，允许孩子犯错，多发现孩子的优点和长处，多鼓励赞美孩子，多给予孩子宽松、自由的环境，让孩子多锻炼自己的能力，当孩子对自己有信心做好事情的时候，内心强大了，就能接受别人的批评了。

孩子凡事都要争第一怎么办？

凡事都要争第一

问题：

孩子总是见不得别人比自己好，凡事都要争第一，达不到目的就灰心丧气甚至耍小性子。怎么才能改变孩子这个性格呢？

专家解析

孩子在自我意识发展到一定水平之后，会逐渐喜欢在有意无意的横向比较中确认自己的本事和价值，这就是竞争意识的来源。因此，“好胜心”对于这个时期的孩子来说，应该说是一种本能，未必具有道德层面的意义。当然，孩子喜欢争强好胜，还可能是因为家长不经意间给了他们这样的暗示，即孩子表现好了就高兴，表现不好了就不高兴，以成败论犒赏，久而久之，就让孩子形成了一种错觉：爸爸妈妈只喜欢胜利的我，如果输给了别人，他们就可能不喜欢我了。于是便出现为了讨父母欢心而好胜的行为。

教子有方

1 肯定孩子

好胜心强的孩子很难一下子就改变，他们在乎别人的评价，需要父母先肯定孩子，赢得孩子的心，再引导孩子转变。

2 淡化成绩

家长可以淡化对孩子成绩的反应，强化对其“输得起”之行为的肯定，当然，这要把握一个度，不要矫枉过正；否则，孩子如果一点竞争意识都没有了，也未必是件好事。

3 故事教育

多数人听不进道理，但用讲故事的方式就可以绕过人的心理防御，比如讲柔能克刚、和韧性有关的故事，胜败乃兵家常事的历史典故，或者观看影视剧的过程中也可以随机渗入相应的教育。

4 减少比较

父母不要拿孩子与别人家的孩子进行比较。

孩子不顺自己的心意就发脾气怎么办?

不顺自己的心意就发脾气

问题：

孩子这次考试考得不好，我就说了孩子几句，孩子一气之下就把试卷撕了。类似的情况有好几次，孩子一遇到不顺心的事情就乱发脾气，容易冲动，怎么才能帮助孩子改善这个性格？

专家解析

孩子遇到不顺心的事情乱发脾气，一是有先天气质影响的可能，二是个人没有养成良好的处事习惯，三是受到家长行为模式的影响。冰冻三尺非一日之寒，家长要有耐心地逐步帮助孩子塑造性格。

教子有方

1 暂时隔离

孩子冲动发脾气，大吼大闹时，如果是在家里，可以对孩子暂时隔离，大家都不去理他，也不去安慰，让孩子发泄情绪，同时也避免大家的反应再刺激孩子使其做出更激烈的反应。但家长要留意孩子的举止，关好门窗，防止意外情况发生。

❷ 建立规则

让孩子知道哪些事情可以做，哪些事情不可以做，合理的事情孩子不闹，家长也满足，无理的要求要坚决拒绝，让孩子养成规则意识。

❸ 家长表率

家长应注重自身的精神文明修养，以身作则，为孩子克服急躁个性做出榜样。家长不能对孩子发脾气，要控制好自己的情绪，为孩子创造轻松愉悦的家庭氛围。

❹ 磨炼耐性

选择一些能够磨炼孩子耐性的课程让孩子学习，通过修身养性来调节情绪，增强自身忍耐性和涵养。比如，家长可有意识地让孩子学练字、画画等，在重复而有要求的训练中，在步步思考和揣摩中，磨炼孩子的耐性。

❺ 给予指导

难听的话想想再说，重要的事情慢慢说。对于一些年纪较大的孩子，要学会自我控制言行，防止冲动误事。有些难听的话想脱口而出时，不妨先做个深呼吸，让自己平静下来。然后自己提出一些问题问自己。如："这到底是一个多严重的事情呢？""别人是怎么做的呢？""如果我听到这些话，我是什么反应呢？"像这样多提出几个问题，能有效避免因为头脑发热而顶撞他人。

❻ 鼓励交友

孩子学会和不同的人交往与处事，就会观察别人为人处世的方式，要充分利用同伴之间的影响。

孩子过度关注他人看法怎么办？

过度关注他人看法

问题：

孩子特别在意别人对他的看法，听到别人说他几句好话就开心，听到不好的评价就郁闷至极。有一次，作文被老师评价字写得太丑，被同学们笑话，孩子都快哭了，回来还诉说了一番委屈。怎样才能让孩子不过度关注他人的看法呢？

专家解析

孩子的成长，都会经历从“无律”到“他律”的过程。在“无律”阶段，孩子以自我为中心，心中只有自己的想法和需要。进入“他律”阶段以后，孩子会开始关注他人的评价和意见，有些孩子的“他律”意识过于强烈，家长没有及时采取措施进行引导，孩子可能就会过度关注他人的看法，敏感多疑，导致被别人的话语牵着走。如果孩子的自信心不足、自尊心过强，就会产生极强的自卫意识，听不进任何批评意见，甚至还会将别人善意的告诫视为对自己的攻击，对别人的评价特别敏感。

教子有方

1 欣赏孩子

孩子缺乏自信，就会很在乎外界的看法和评价，如果父母能经常对孩子表达自己的支持、理解和赞赏，就能够帮孩子建立起对自己的良好认识，从而增加自信和正向的自我认同。

2 增强信心

让孩子多发展一些兴趣爱好，以增强孩子的自信心，只有增强了孩子的自信心，孩子才会有面对别人评论时能够置之不理的勇气和底气。

3 宽松教养

根据孩子性格，父母要调整教养方式，孩子过于关注别人看法，那么父母就不要对孩子要求过高，给孩子过大的压力。孩子在紧张的环境下生怕自己哪里做得不好，所以就会小心翼翼，过度关注别人对自己的看法。要让孩子感受到，即使他不完美，即使他经常犯错，父母也会一如既往地爱他，并给予孩子自由发展的空间，让他做自己想做的事，这样长大的孩子，其心理力量是强大的。

孩子逃避责任、缺乏责任感怎么办？

逃避责任缺乏责任感

问题：

孩子上周把家里的一瓶酒打碎了，还说不是他干的，是家里的猫打碎的。这周又把他爸爸的手表弄坏了，孩子又说是弟弟干的。其实家里装监控了，我都知道是他干的，希望孩子说实话，可孩子现在一直说假话耍赖，没有承担责任的勇气，怎么教育孩子才好呢？

专家解析

孩子逃避责任的行为主要是由于怕受到惩罚。如果孩子做错一件小事，家长就没完没了地责备孩子，下次犯错时，家长还会把这次的问题翻出来算旧账，久而久之孩子就会养成习惯，缺乏主动承认错误的勇气。也有的是家长对孩子太过溺爱，孩子只享受了权利，很少履行义务，自然就形成了不负责任的习惯。

教子有方

① 保留面子

当着别人，不要训斥自己的孩子，孩子无论大小，都不要一味地当着众人的面数落孩子，这样会让孩子产生更加想逃避责任的心理。可以做错事后进行单独的教育和批评，这样既给了孩子一定的面子，又能让孩子在下次犯错时不会主动逃避推卸责任。

② 惩罚适度

孩子在成长过程中有过错是很正常的，而如何正确处理这些过错却事关孩子今后的发展。当孩子知道自己犯错时，内心是愧疚而自责的，有着本能接受惩罚的需求，此时进行适度的惩罚，孩子心理上是容易接受的，也能避免或者减少以后再犯类似错误。如果惩罚过重，孩子反而可能破罐子破摔，继续犯错；或者担心再受这么重的处罚，以后有错不认、百般推卸。

③ 看到动机

有些错误的出现是孩子出于好心，想把事情做好，但是弄砸了，比如孩子想独立一些，自己倒水喝，可烫到了，家长心疼孩子又生气，不但没安慰孩子，还修理孩子一顿；有时候想去送碗筷，可把碗摔碎了，这时候家长可能认为孩子是在添乱。孩子犯错，家长先不要责备，要问清缘由，尤其是看到孩子行为背后的正面动机，孩子确实是出于好心才把事情办砸的，家长无须责备，还要安慰孩子，并示范给孩子，怎么做才是最合适的，既能避免孩子再犯错，又能培养孩子更多生活技能，同时也增进了亲子关系。这样的处理孩子会感动，觉得自己得到了理解，对自己的失误反而不好意思，也会主动道歉，以后就会注意改正。

4 制定家规

人有时候会恐惧未知，会有不确定感。孩子犯错了，不知道会受到怎样的对待，如果有可以参照的家规，孩子既可以避免一些错误，也可以在犯错时明白需要承担的责任。当然，家规需要孩子参与制定，而且家规不是只针对孩子的，是一家人一起制定的，一家人都要遵守的。如果父母不遵守，制定规矩专门约束孩子，那么孩子会越教育越糟糕的。

5 不要包办

让孩子从小就做自己的事情，学会安排自己的事情。如果家长代替孩子做太多，孩子就会什么都不做，自然是什么都不用负责，以后长大了，孩子遇到事情怎么可能会有担当呢？

孩子承受能力比较差怎么办？

承受能力比较差

问题：

学校的学业很紧张，孩子回到家就说很累，我就告诉他，这有什么，到高中了会更紧张，可孩子还是有些提不起劲头，总说学习压力太大了。怎么办才好呢？

专家解析

有些孩子承受能力差，因此在遇到小事时也会在心理上无法接受。不能承受压力的孩子是缺乏生命的动力，正如顽石阻挡不了小草和树苗的生长，坚硬的地面也挡不住种子的破土而出，生命有了动力，才能战胜来自外界的任何压力。

教子有方

❶ 支持探索

家长应该怎么培养孩子的冒险精神呢？最有效的方式是旅游，其次就是激发孩子的求胜心，让孩子学会坚持。

❷ 期待适中

家长对孩子的期待一定要适中，不要过度期望，有时候家长放低期望要求，孩子反而会更加轻松，最后远超家长期望值也是有可能的。

❸ 留意变化

留意生活中孩子的变化，可以观察到孩子的压力是否已经超过了他的承受能力，比如爱笑的孩子一个星期内都看不到笑容，也看不到任何开心的迹象；孩子平时喜欢做的事，现在突然没兴趣了，而且没有替代的事情；爱动的孩子开始经常长时间一个人发呆……这些可能都是孩子承受不了某些压力的征兆。

❹ 放手成长

脆弱的孩子，往往有个包办的家长，替孩子解决了所有问题，让孩子按照自己设想的道路成长。孩子长期生活在这种环境下，久而久之根本不用自己思考问题，这样孩子不仅无法自立，严重的还会让孩子承受压力的能力每况愈下。想缓解这种情况，父母要学会向后站，让孩子向前冲，放手让孩子去探索、去成长。

❺ 不要苛求

溺爱会让孩子承受压力的能力变差，同样，过于严苛也会如此。严厉型父母往往会以严苛的要求来衡量孩子，不准孩子犯错，必须成功。在这种高强度要求的环境下，孩子的心理很容易受到影响，承受问题的能力自然也越来越差。绝对宽松的教育肯定会失败，绝对高压的教育也肯定会失败，家长一定要掌握一个度，并适时调节。

孩子接触新事物时有些胆怯怎么办？

接触新事物时有些胆怯

问题：

孩子在接触新东西时有点胆怯，有时候买了新玩具，他都不是很主动地过来拿，在幼儿园也是别人玩什么他就玩什么，没玩过的玩具就不怎么动。后来我总结了一下，应该是孩子比较害怕尝试接触新事物，怎么才能帮助孩子呢？

专家解析

孩子恐惧、不愿意尝试新事物是其人格中的一种负面、消极因素，虽然如此，家长也不用过分担心，孩子的心理发展和变化是具有较大可塑性的。在家长、老师细致耐心的引导下，孩子的性格是可以改变的。

一般对新事物恐惧的孩子是对环境缺乏安全感，会表现得小心翼翼；也有的孩子是因为家长的过度保护，造成了强烈的依赖感，放弃了自己主动了解外界的行为，完全依赖父母的帮助；还有些孩子因为家长过于严苛，要求孩子不能在墙上乱画、不能弄脏衣服等，久而久之，孩子变得越来越听话，但也变得不敢去尝试新事物。

教子有方

① 充分了解

对于新鲜的事物，家长可以给予孩子更多的时间，让孩子进行充分的了解和观察，等孩子熟悉了，就会变得更勇敢一些，这时家长再进行引导式鼓励，相信会得到想要的效果。同时家长也要起到良好的示范作用，当家长在遇到新鲜事物时，采取的态度是积极的、正面的，那么孩子在这方面也会有相应的学习与模仿。家长的行为对于孩子来说是潜移默化的，同时影响也是深远的。

② 鼓励探索

家长应提前排除安全隐患，为孩子创设一个有利于探索的安全环境，在家里，热水壶、刀具，以及容易使孩子误吞的小珠子、药品等都应放在孩子够不到的地方；在户外，应禁止孩子到马路上、深水边、施工工地等容易发生意外事故的地方玩耍。环境安全了，就让孩子自由探索，不要怕弄脏衣服，如果孩子一直要刻意保持衣物的整洁，探索的乐趣就少了。

③ 肯定努力

当孩子认真努力地去完成一件事时，不管他最后的结果是什么样的，家长要试着站在孩子的角度去理解他做这件事多么不容易，真诚地肯定孩子的努力。比如在孩子认真穿好鞋子或是把饭用勺子一口一口放进嘴巴里时，家长要发自内心的称赞，会让孩子更愿意去尝试，增强做事情的主动性。

③ 循序渐进

让孩子从一些简单的事情开始尝试，让他尝到成功的感觉，然后赞扬他，给予强化，使其增强信心，继而增加难度，同时给予无条件的支持与关爱，告诉他无论他做得怎样，都是爸爸妈妈的好孩子，让孩子有勇气去尝试。

孩子经常表现得输不起怎么办？

经常表现得输不起

问题：

孩子和我玩剪刀石头布，赢了就算，输了就不算，输了就缠着再来。经常会出现类似情况，任何事情只要他输了，就会发脾气。为什么孩子会表现得输不起呢？

专家解析

孩子最初关于输赢的概念，首先源于家长。有的家长很喜欢拿自己的孩子与别人家的孩子做比较；有的家长则喜欢滥用赏识教育，一味的夸奖只会让孩子沉溺在“我最棒”的思想当中，也就无法接受失败带来的挫败感。久而久之，孩子就会形成做什么都要赢的心态，认为输了就代表自己不如别人、自己不够好，所以不愿意接受比不过别人的现实。当孩子不愿意接受这种现实时，就会耍赖、发脾气。

教子有方

1 将心比心

家长应先接纳孩子的情绪，然后问孩子：“你想赢，别的小朋友和你一样也想赢。如果别的小朋友输了不承认，那你会不会生气，你还会和他一起玩吗？”用这样的方式与孩子沟通，从而给孩子提供一个自我反省的机会。

❷ 成功故事

给孩子讲述名人故事，年龄大一些的孩子可以自己读名人传记。古往今来，凡是有大成就的人很少是一开始就成功的，他们往往经历很多挫折，过程反反复复，输了很多次，再勇敢地爬起来。有人说过，但凡有作为的人，无一幸免都输在了无数的起点上，磨难与失败造就了他们今天的成功。学习成功人士，不能只看到他们的成功，也要看到他们是接受失败后成功的。

❸ 允许犯错

孩子面对输的结果的时候，家长要平静陪伴，允许孩子适度发泄，不可批评打击孩子。每次遭遇挫折后，如果能得到父母的理解，孩子会觉得输了也没关系，如果输了就被打击批评，那么孩子就容易输不起或者破罐子破摔。

❹ 不去比较

停止给孩子灌输竞争意识，平时不要动不动就说别人家的孩子怎么好怎么优秀，父母不拿孩子去比较，孩子自然就不容易滋生过度的竞争之心。

❺ 肯定过程

肯定孩子的努力，结果固然重要，但过程同样重要。很多父母对孩子的成绩，只重视结果，不注重过程，孩子考得差了，父母脸色就不好，有时甚至不问缘由劈头盖脸一顿臭骂。如果父母太在乎输赢那孩子肯定也会特别在意输赢。父母要多引导孩子关注过程，只要过程努力了，就是胜利，就是优秀的孩子。当孩子意识到这一点时，他就不会因为一时的失败而哭闹，也就不会因为害怕失败而不去竞争了。

❻ 正确表扬

通过表扬提升孩子的自信，在孩子赢了以后，要给予鼓励表扬，但尽量不要说那种“你真棒”“你真聪明”这种没有具体指向的表扬，因为这种表扬会给孩子压力，当孩子下次失败了，就不棒了、不聪明了？表扬时应该关注细节，比如“你这幅画，颜色搭配得很漂亮”等，引导孩子看到自己的具体优点，有利于孩子自我认知的发展。

第五章

社交

孩子见到陌生人比较胆怯怎么办?

见到陌生人比较胆怯

问题：

我家孩子小学一年级入学后，在班里从不主动和同学说话，也不和同学一起玩儿。孩子爸爸经常出差在外，我上班也很忙，平时都是奶奶照看，但我有空闲时也尽量带孩子和小朋友们玩。孩子行为举止都很正常，就是一见陌生人就很害羞，躲在一旁，不敢说话。怎样才能让孩子不怕生呢？

专家解析

孩子的表现属于社交性退缩，导致儿童社交性退缩的原因是多方面的。有的属于气质性社交障碍，生性腼腆、胆小；有的则属于挫折性社交障碍，由于在曾经的社交情境中有不愉快的经历而导致，比如被人呵斥而产生自卑，从而逃避与人交往。事例中的这个孩子则是由于家庭环境形成了封闭性格，孩子缺乏足够的与同伴交往的实践而不知如何与人交往。

教子有方

① 父母陪伴

孩子早期成长经验影响着孩子的性格形成，最佳的性格培养期就是小学前，现在孩子刚上小学，父母要抓紧一切机会多多陪伴孩子，父母在身边，孩子才会心安。

② 远程联系

爸爸长期出差，人不在孩子身边，但爱不要远离，比如每天给孩子打打电话，偶尔给孩子邮寄个礼物，出差回来之前提前和孩子约定陪孩子去玩等，让孩子充分感受到父爱。父母充足的爱是孩子正常人际交往的支撑。

③ 多多肯定

父母应该对孩子给予更多表扬和鼓励，关注孩子的微进步，哪怕是很小的进步也予以肯定。

④ 引导交往

父母可以带孩子多参加同伴活动，比如学校组织的元旦晚会、六一儿童节等活动，可以多鼓励孩子参加，如果孩子不愿意，家长不可强求。周末、节假日多带孩子去游乐场，以逐步改善孩子的性格。

孩子经常打人怎么办？

是我的！
对不起啊，
我不知道是你的……
哼，打你！
啪
哎哟！
那……怎么办？
啊——好痛！
动不了了！
手要断了——
戏精上身
打人很痛的，
而且你也会不开心
对吧？
我知道错了，就算
生气也不能打人……

经常打人

问题：

我孩子在与小朋友交往的过程中，动辄喜欢用“暴力”解决问题，甚至在不明原因的情况下上去就打人。请问老师，怎么矫正孩子的行为呢？

专家解析

孩子出现打人行为，原因多种多样，但主要有如下几种。

第一，交往技能不发展，遇到问题时不懂得艺术地解决问题，便简单地采取打人的策略。特别是在多次动手打人都能达到预期效果后，就更容易认为打人是他左右这个世界的有力武器，自然就会频繁借助它的威力。

第二，安全感不巩固，遇到非常差的环境，就容易紧张，进而通过打人来先发制人、自我保护。

第三，教养方式不当。如果养护者在教育过程中经常采取暴力方式，对孩子来说就是一种消极影响，一来孩子可能会学习、模仿这种处理问题的方式，二来受到责打的孩子可能会把不良情绪发泄在其他人身上。

教子有方

1 适时进行交往技能的教育

家长要引导孩子通过非暴力的方式达到自己的目的，并及时鼓励孩子的正确行为。

2 树立榜样原型

利用孩子善于模仿的心理特点，给他讲一些正面的故事，为他树立一个榜样原型供他模仿。对孩子的交往圈子最好有个控制，少让他和一些爱动手的孩子来往。

3 循循善诱

对于已经具有一定语言能力的孩子，可以诱导他说出打人的原因，对症下药，及时处理。

4 父母在家不要打孩子

如果家长在家靠打孩子解决问题，那么孩子也会喜欢用打架来解决问题，父母要减少体罚，换个角度和孩子商量，听一听孩子的理由，让孩子从父母身上学会怎样通过和别人合理的沟通来处理问题，而不是用打架来解决，教会孩子学会原谅别人，不要过于计较。

5 让孩子远离暴力游戏

孩子擅长模仿，很容易学习一些影视、动画、游戏中的人物，家长对孩子看的影视剧、玩的游戏要有所了解，如有暴力性质的、攻击情景比较多的游戏动画，应当予以禁止；现在手机、平板、电视一般都设有青少年模式，家长可以后台管理，给孩子一个清净的网络空间。

孩子喜欢开玩笑搞恶作剧怎么办？

喜欢开玩笑搞恶作剧

问题：

我的孩子性格太活泼，十分调皮，让我很头疼，喜欢开玩笑，给人取绰号，有时在班里还捉弄人。老师也反映过，说孩子在同学书上画乌龟、和同学闹矛盾，孩子这样没有分寸该怎么办？

专家解析

孩子爱恶作剧的主要原因有如下四种。

一是多数捣蛋的孩子生性活泼好动，再加上孩子想象力丰富，就会想着法子淘气，这是他与人相处的一种方式，这样的孩子如果你和他闹着玩，他也不会生气，反而很开心。

二是由于有不良情绪，比如父母或者老师批评不当，或与小伙伴交往中产生了不愉快情绪，让孩子记恨，产生一种“你要我这样，我偏那样”的想法，并用恶作剧的形式来发泄心中的不满，从而达到心理上的平衡。

三是渴望被关注。有的孩子乖巧时没人理会，他会迫切地希望能被肯定，但又不懂得正确方法，所以常常会做一些错误的恶作剧或捣乱行为来寻求肯定，比如有孩子故意大叫妨碍老师说话、捉弄同学等。

四是家长的娇惯。有的家长一贯娇宠，造成孩子不懂得自我约束，从而为所欲为；有的家长恼怒训斥，体罚痛打；有的家长不闻不问，或者是纵容袒护；有的家长甚至曲解夸赞，认为这是孩子机智能干的表现。这些错误的对待方式只会加重孩子恶作剧的程度或者让孩子产生其他问题。

教子有方

1 探寻原因

对孩子的恶作剧家长既不应护短，也不应粗暴处理，而是应探寻其行为的缘由，指出其做法的错误或不妥之处，引导孩子提高认识，改正错误。

2 环境文明

父母应反思自身行为、不鲁莽行事，让孩子具有同理心，将尊重的意愿付诸实践。孩子只有从父母那获得足够的尊重，才能学会尊重别人。

3 文明交往

要教会孩子与人相处的方法，让孩子在与同伴友好交往中形成谦让、礼貌、关心别人等良好的品质。朋友之间可以开适当的玩笑，但千万不可过度，不要针对别人生理上的缺陷或是心理上的痛苦寻开心，要学会尊重别人。

4 规则意识

因为孩子的思想没有太多束缚，所以在孩子做了错事之后，家长才发现自己根本没有告诫孩子这些不能做。家长要告知孩子不能把自己的快乐建立在别人的痛苦上，也不让自己的痛苦成为别人乐趣的源泉。家长需要防患于未然，告知孩子哪些红线不能碰，并对孩子的行为有相应的激励与惩罚措施。

5 发泄精力

孩子精力过剩，老是动个不停时，可以找些孩子感兴趣的事情，让其有地方发泄自己旺盛的精力，让孩子把精力和兴趣转移到其他有意义的事情上，比如读故事、涂鸦或者唱歌等。既能让家长省心，又可以满足孩子的探索欲。鼓励爱搞恶作剧的孩子把新奇的想法说出来，然后和孩子一起去尝试一下，反而能激发孩子的创造力。

6 及时认错

如果孩子的行为具有破坏性或伤害了他人，家长一定要直截了当地解决问题。简单而直接地告诉孩子，为什么他的行为不被允许，然后给他一个机会弥补过错，并向对方道歉。

孩子经常和同学动手打架怎么办？

经常和同学动手打架

问题：

孩子小时候经常和小朋友打架，当时也不注意，觉得孩子还小，打打闹闹很正常。现在孩子都上小学了，老师说了几次孩子在学校和同学动手，该怎么教育孩子才好呢？

专家解析

一般来说，有打架问题出现的基本上男孩子比较多，女孩子相对来说比较少，这是一个生物性的问题，因为雄性之间的竞争是从小就会开始的。所以作为父母，我们要先弄清楚孩子为什么会打架？

其实打架是一种攻击性的释放。而孩子之所以要释放自己的攻击性，通常是因为他们需要保护自己。比如说，有人羞辱他、欺负他，或者他觉得自己的自尊、边界受到侵犯，这时，他就会用打架的方式来维护自己。

打架和欺凌之间是有区别的，如果孩子只是为了维护自己的权益，那这种行为就不能被定义成是欺凌。欺凌更多的是用以多欺少，或者是羞辱，又或者是一种没有规则可言的方式来进行的恶意行为，而打架则是一种有规则的竞争，彼此之间是有约定的，并不是单方面的欺凌。所以，作为父母，在处理孩子打架的问题时，首先要注意区分打架和欺凌的不同。

教子有方

① 不怕事不惹事

家长不能“一刀切”，所谓的“一刀切”就是不允许孩子打架，或者孩子只要打架了，就说孩子是“坏孩子”。因为有些父母会对孩子打架这件事，产生一种羞耻感，认为这是“坏孩子”才会做的，或者是有违道德的，所以他们会非常焦虑，不知道怎么做才能让孩子变回他们心中的“好孩子”。

这种“一刀切”，其实会带给孩子一个很大的困惑，就是当别人侵犯自己时，他不知道要怎么做才是正确的，是不是只能够不断地逃跑或躲避？因此，我们不能“一刀切”地告诉孩子，打架就是不对的，而是要分情况跟孩子一起去探讨，打架是否真的对这件事情有帮助，或者是否有比打架更好的方式？

首先应给孩子树立一个观念“不怕事，不惹事”，因为这既是尊重别人，也是尊重自己的体现。

孩子打架打赢了，也要让孩子反思，如果是自己主动惹事，打了别人，要主动去道歉，寻求谅解，矛盾宜解不宜结。

当孩子打架打输了，我们需要为孩子提供心理上的支持，告诉他要如何去让自己变得更强大一些。获得父母支持，对于孩子来说其实很重要，特别是当他在跟别人的对抗中失败了，他心里是很难受的，加上家长平时的教育，都是让孩子不要去打架，因此孩子会有一些愧疚、羞耻的感觉。

② 学会保护自己

很多家长都没有这样一个意识，就是告诉孩子怎么做才可以保护自己。

比如万一打架不可避免，且打不过别人时，要保护身体的重要部位、双手抱住头护住脸，全身蜷缩减少受攻击面积。

③ 遵守规则

如果孩子已经发生了打架事件，我们要看看他有没有遵守一些规则。我们所说的规则，就是他有没有单方面欺凌别人，或打架输了后，有没有进行一些报复性行为。比如说，孩子叫上其他朋友，去打另一个孩子，那就不是打架，而是欺凌，这是一种违背规则的情况。

④ 告知打架坏处

打伤别人会怎么样？被人打伤会怎么样？打架是否有利于解决问题？孩子在成长过程中，需要面对的事情，家长必须让孩子学会面对。打架可能造成的后果也需要让孩子知道。

孩子和同学之间不合群怎么办？

和同学之间不合群

问题：

孩子放学回来之后闷闷不乐，问了几次，说同学们不喜欢和他玩，我怎么指导孩子比较好呢？

专家解析

孩子到了小学高年级、中学阶段，同伴交往对孩子很重要。小学生的交往价值观没有形成，和谁玩不和谁玩，往往是凭感觉。

孩子回家愿意和父母分享在学校不开心的事情，这很值得肯定，说明孩子和父母的关系还比较畅通，同时孩子有主动和同学相处好的意愿。

只要是孩子向父母求助的问题，无论是学习，还是人际交往，父母都应重视，千万不可以用“别胡思乱想，好好学习就行了”这样的一句话打发孩子，孩子情绪过于抑制，很可能以后和同学们相处不好，学习也会受到影响。

教子有方

1 培养孩子好品格

温暖、阳光的人往往更受欢迎，一个人如果太孤僻，看问题太负面，往往不受大家喜欢。要想孩子品格好，家长要先培养好自己的性格，行为举止间皆为孩子做榜样，家长自带光芒，孩子自然阳光。父母要教育孩子严于律己，宽以待人，互相信赖，彼此尊重，以培养孩子团结合作的精神。

2 教导孩子赞美人

想要被别人接纳、喜欢，可以尝试赞美他人，这不是捷径，而是秘诀。每个人都希望被肯定、被欣赏，如果我们能看到别人的闪光点，也容易受到对方的关注和欣赏，同样容易融入群体。需要注意的是赞美别人不能太空洞，太夸张，不然让人觉得太假，就会适得其反。

3 引导孩子参加集体活动

不被同学接纳往往是因为太与众不同，而融入集体最好的方式就是做和大家有共同点的事情。节假日带孩子去公园或亲朋好友家走走，积极创造条件让孩子与小伙伴一起玩耍，开始时父母可陪伴在旁与他们一起做游戏，孩子之间互相熟悉之后可让他们自己玩。

4 鼓励孩子参加各种体育活动

体育是一种直接与人正面接触和竞争的群体活动。无论是棋类还是球类，无论是田赛还是径赛，它总是要有两个以上的人参与。鼓励孩子经常参加各种体育活动，不仅可以提高孩子的身体素质，还可以培养孩子的兴趣，提升社交能力。

5 多带孩子外出旅游

利用节假日与孩子一起走出家门外出旅游、走向社会、走向大自然，既可以增长见识，陶冶性情，又可以培养兴趣、开放胸襟。

6 培养孩子的合作能力

父母可以交给孩子一些一个人难以单独完成的任务，鼓励孩子与别人合作完成，或向父母求援完成，以增加孩子与别人交往的机会。教孩子懂得一个人的力量很小，有些事情办不到，而大家一起做事情就好办了。

孩子不喜欢和别人打招呼怎么办？

不喜欢和别人打招呼

问题：

孩子比较害羞、胆小。今天傍晚，我和孩子在附近公园散步，迎面遇见单位同事，于是叫住孩子打招呼。可是，此时孩子躲在我身后，一副扭扭捏捏的样子，我只得无奈地对同事说，我家孩子太内向了，不好意思！我经常教导孩子要礼貌，见人要打招呼，可孩子却越来越不愿意打招呼。我们该怎么办呢？

专家解析

如果排除了情绪不佳、叛逆、不喜欢当事人等原因，孩子不喜欢跟别人打招呼，可能有如下几种可能。

其一，孩子性格内向，羞于叫人；

其二，孩子平时很少跟别人发生交往，遇到陌生人容易紧张；

其三，父母事先忽视了礼貌教育，遇到熟人又拉着孩子“仓促上阵”，孩子不知道遇到熟人应该问好的道理，本能地选择排斥。

见面问好，尤其是见了长辈要问好，这是世界性的礼貌，本身也是基础的社交礼仪。但若为了培养孩子的基础礼仪，而采取逼孩子打招呼的方式，往往会事与愿违，尤其是对于叛逆期的孩子，越逼迫越叛逆。

还有家长见孩子不肯打招呼之后，为了给自己一个礼貌的理由，也给对方一个合理的台阶，就说孩子有点内向，可往往这样的情景发生，孩子在家长身后会躲得更紧。因为家长直接给孩子贴上了“内向”的标签，所以一个不爱打招呼的孩子，可能就这样被强化出来了。家长往往是以爱的名义，轻而易举地摧毁孩子的安全感、归属感和价值感，让孩子缺乏力量去自我成长。

甚至有的家长当众训斥孩子：“你这孩子怎么这么没礼貌？连问好都不会，我平时是怎么教你的，没出息！”或者等别人离开修理孩子一顿，结果孩子的自尊心受到很大损伤，自卑感油然而生。

教子有方

1 言传身教

如果家长总能热情地与别人打招呼，那么孩子耳濡目染，自然会养成见面问好的好习惯。家长平时注重言传身教，即便是年龄比较小、很难听懂大道理、辨别是非的能力也较差的孩子，他们的可塑性和模仿能力也特别强，容易在家长的影响下养成一定的行为习惯，家长可以在日常生活中做好礼貌待人的言行示范，久而久之，孩子便耳濡目染，不学自会。

2 提前告知

如果带孩子去朋友聚会，或者大家庭聚会，可以先告诉孩子可能会遇到哪些人，如果能和他们见面问好的话，这个聚会就会变得非常棒。有些孩子不喜欢很多人的场合，这样预热可以让孩子先有个心理准备，到场后就会表现得好很多。

③ 顺其自然

如果孩子拒绝打招呼是性格使然，那么家长就不要强求，每个孩子都有自己独特的表达方式，只要孩子再以他惯常的友好方式做出反应，家长就不必介意，性格不是一天能改变的，我们应该给孩子时间。如果强求改变，可能以后孩子为了不打招呼，就不愿意出门了，更不敢和其他人打交道。家长切记不可批评指责孩子，孩子在不违反安全和法律的情况下，尽可能地多给孩子自由成长的空间。

④ 创造机会

不能因为孩子不愿向人打招呼而不带孩子外出。家长外出时应尽量带孩子，让孩子和家长一起参与社交活动和人际交往，并且鼓励孩子接触陌生的环境。要注重在实践中培养孩子的礼貌行为习惯，且家长要做好孩子的表率，遇到熟人或孩子不认识的人要主动有礼貌地打招呼，然后再向孩子简单介绍，让孩子主动地打招呼。

见人问好固然好，孩子心情莫忘了。

顺其自然去问好，你好我好孩子好。

孩子不喜欢和人分享怎么办？

不喜欢和人分享

问题：

家里两个孩子，大宝比二宝大3岁，大宝自己的东西不让二宝动，二宝一动，大宝就大吵大叫地嚷着“这是我的！”“不让弟弟坐我的小凳子”之类的。新买的玩具，大宝就抢到手里，占为己有。怎么让大宝谦让弟弟，学会分享？

专家解析

孩子随着自我意识的发展，会渐渐出现对自身所有权的主张，并尝试着努力维护这种所有权，而且，有时候这种所有权的意识范围相当广泛，即使那些原本不属于他的，但看起来很好或者只是他先发现的好东西，也会去主张自己的所有权，于是就发生了这样那样在成人看起来“自私”“霸道”的独占行为。但这种行为只是阶段性的，随着孩子分享意识的发展，这种独占现象将有所减缓。

二胎家庭或者多子女家庭容易出现争夺玩具所有权的现象，甚至延伸到争夺食物、争夺空间、争夺爸爸妈妈等现象。每个孩子都渴望得到更多的爱，二宝出现后，大宝发现，原来全部属于自己的玩具、爸爸妈妈，竟然被人分走一半，就会表现得很明显，去维护自己的权益。二胎家庭和多子女家庭要教导小的尊重大的，这样大的才会谦让小的，一味地要求大的让小的，并不利于孩子的成长。

教子有方

1 理解和包容他们的行为

孩子的这种行为只是阶段性的，是孩子自我意识发展过程中的正常表现，没有道德意义上的动机，理解和包容他们的行为，不乱给孩子带“自私”“小气鬼”之类的帽子。

2 尊重孩子的所有权意识

可以给孩子讲分享的道理，但不强迫孩子分享，否则孩子在刚刚学会维护自己权益的时候习惯被剥夺，当孩子长大成人后容易缺乏界限，别人侵犯孩子的权益，孩子也不敢反抗，或者是孩子自己形成不尊重别人的界限，随意侵犯别人权益的习惯。

3 在家里树立大宝的地位，教导二宝尊重大宝

父母要注意照顾大宝的情绪，让大宝感受到，二宝的到来，并没有让他得到的爱有所减少，大宝就会接受二宝，才能愿意和二宝分享玩具等。

孩子做事喜欢讨价还价怎么办？

做事喜欢讨价还价

问题：

孩子上小学了，比较懒，什么也不做，一让他做点什么事，他就讲要求，喜欢讨价还价，满足了要求才会做，怎么才能改变孩子这种问题呢？

专家解析

孩子喜欢讲条件，说到底还是家长之前的教育方法有问题。中国有句俗语，叫“看人下菜碟”，小孩子与家长的互动模式是在长期的生活经验中总结出来的，因为孩子平时在家里熟悉了家长的行为方式，所以知道如何应对。

家长可以思考一下，以前是否当自己忙于其他事情，或者“偷懒”不想多费精力管教孩子时，就喜欢用物质来激励孩子，为了让孩子做家务或者写作业甚至为了让孩子少闹腾会儿，都给予奖励。如果常常给予孩子物质奖励，往往会让孩子变得功利心很重，凡事都讲条件。

同时，我们要看到，孩子讲条件并不都是坏事。孩子开始和父母讲条件，实质是开始尝试通过这种表达方式去获取他想要的东西，这正是孩子动脑筋想办法争取权利的表现，也是孩子思维发展的一个标志。随着孩子独立思考能力的提高，其对他人心理的猜测能力及自我权利意识都会随之增长。

家长对孩子的行为要看到其两面性，因势利导，同时多反观自身行为，从自身找原因，才能改变自己、影响孩子。

教子有方

1 激发兴趣

兴趣才是孩子最大、最持久的动力，父母对孩子最好的奖励办法就是激发兴趣。让孩子对事物有进一步探究的欲望，并对此保持兴趣。当孩子把事情做好了，父母可以给孩子一个满意的微笑、赏识的眼神、亲切的拥抱等精神鼓励，这样孩子的满足感也不比物质奖励差。

2 理解孩子

讲条件是孩子形成自我认知、自我意识发展的必经阶段，如果一个孩子非常听话、唯命是从，这并不代表家庭教育成功。作为家长，对待孩子的要求不能不讲究情面，否则亲子关系就会生疏很多。我们能做的就是“温柔而坚定”，对原则问题严格要求，对无关紧要的要求，可以根据家庭情况适当满足。

3 制定规则

孩子爱讲条件，父母就要设定一个大家都能接受的规则。在家庭内部发扬“民主”之前，家长应该跟孩子有一个约定：任何讲条件的行为都不能无休止地进行下去，大家要按事先约定的条件执行，不能无止境地答应孩子提出的要求。要告诉孩子哪些是作为家庭一员应承担的责任和义务，比如一起参与家务，按照力所能及的原则分配任务。

一旦制定规则，就必须按照规则来执行，否则孩子会以为规则可以随意突破，这样规则本身就没有了意义，孩子又会故态萌发，再次教育效果会更差。当然，事物是变化的，规则不适应了，一家人可以用家庭会议的方式重新修订规则。

④ 注意事项

有些家长对孩子的要求往往会按照自己的心情来决定，如果心情好就同意孩子的要求，心情不好则回应就十分严厉。时间一长，孩子就变得要看家长的脸色行事，凡事小心翼翼，跟人交往也不自信，产生自卑的心理。过分强调家长的权力，会让孩子缺少自主的感觉，导致自我效能感极低，认为自己不能很好地完成任何事情，也会伤害到亲子之间的关系。生活中纷繁的事情很多，家长不要让自己的心态和情绪给孩子造成较大的内心波动。

反向育儿

——换个思维方式养孩子

（下）

尚致胜　著　杨卯卯　绘

航空工业出版社
北京

内 容 提 要

本套书以反向育儿为出发点，帮助家长转变育儿思维方式，更好地解决育儿难题。本套书从自信、沟通、情商、逆商、社交、学习、自控、习惯、儿童常见行为心理及行为障碍十大关键领域着眼，全方面解决家长在育儿道路上遇到的难题。

图书在版编目（CIP）数据

反向育儿 : 换个思维方式养孩子 / 尚致胜著 ; 杨卯卯绘 . -- 北京 : 航空工业出版社 , 2023.10
ISBN 978-7-5165-3489-2

Ⅰ . ①反… Ⅱ . ①尚… ②杨… Ⅲ . ①家庭教育 Ⅳ . ① G78

中国国家版本馆 CIP 数据核字（2023）第 175195 号

反向育儿：换个思维方式养孩子
Fanxiang Yuer :Huange Siwei Fangshi Yanghaizi

航空工业出版社出版发行
（北京市朝阳区京顺路 5 号曙光大厦 C 座四层　100028）
发行部电话：010-85672688　010-85672689

三河市双升印务有限公司印刷　　全国各地新华书店经售
2023 年 10 月第 1 版　　2023 年 10 月第 1 次印刷
开本：710×1000　1/16　　字数：116 千字
印张：9.5　　定价：99.00 元（全 2 册）

目 录

第六章

培养学习力

孩子对学习不主动怎么办?

对学习不主动

问题：

孩子上学之后，从来都不会主动学习，总是需要大人催着才去学习，这种情况怎么解决？

专家解析

孩子不主动学习往往是因为各种原因，对自己的学习能力丧失了信心，认为自己学不会、做不到，形成“回避失败”的行为倾向。学习从来不是一件容易的事，家长想要孩子主动去做“不容易”的事，那么家长也要去做一些“不容易的事”，从而正确引导孩子。

教子有方

1 停止抱怨

很多父母抱怨说“学习的事我想帮也帮不上，只有靠孩子自己自觉了，可孩子偏偏不自觉，真急人”。如果你是孩子，听到父母这样的话，会有什么感觉？“可孩子偏偏不自觉，真急人”这句话里透露出的是父母的责怪和焦虑，作为父母，既不能给孩子提供爱学习、会学习的榜样，又不能给孩子提供精神上的支持，而是一股脑地把焦虑扔到孩子身上，这显然不是正确的方式。

学习需要安静，这个安静不仅是环境的“静”，更是内心的“静”。当孩子被你的焦虑“击中”时，他需要费多大的力气才能保持住内心的“安静”？这些力气原本是可以用在学习上的，现在却消耗在应付父母的情绪上。

2 开始陪伴

陪伴不是监督，有的家长观察着孩子的一举一动，指导着孩子的行为，不时指出问题、提出批评，这是父母陪伴吗？反而像警察在看管罪犯。

陪伴的目的是建立良好的亲子关系，享受和孩子在一起的愉快时光，这段时间就只属于你和孩子，再大的红包也不抢，再搞笑的视频也不看。陪伴可以是一起聊聊天，也可以是一起散散步，还可以是一起买买菜、做做饭……只要家长专心地和孩子在一起，就是陪伴。有了陪伴，就会有良好的亲子关系，等于建立了亲子沟通的通道，孩子说的，家长能明白；家长说的，孩子能听进去。

3 明确期待

没有两个孩子是一样的，放弃盲目的比较，对孩子的期待，要建立在孩子特点和需要的基础上，最好能和孩子一起谈谈家长的期待，也听孩子说说他自己的期待。期待他有什么样的性格、什么样的能力，比期待他具体的成绩更重要。良好的性格和能力是可以培养的，而好成绩，往往是良好性格和能力的延伸，孩子性格稳定、有擅长的事，自然会积极、自信，敢于挑战。

只有父母确定了自己的标准，才能在孩子成长的路上做他的“定心丸”。让孩子无论遇到什么事情都能心定，心定了才能心静，心静了才会行动，行动了才会有收获。改变孩子，从改变家长自己开始！

孩子对学习提不起兴趣怎么办?

对学习提不起兴趣

问题：

从孩子三年级开始就感觉他的学习劲头下降了，到了四年级感觉孩子更是明显对学习不上心，问孩子，他说学习没什么意思。怎么才能让孩子对学习产生兴趣呢？

专家解析

现在的家长要掌握一个思维方式：跳出问题看问题。单纯地从学习上找方法解决学习问题，往往是“按下葫芦浮起瓢”，治标不治本，甚至连标也治不了。多关心孩子，培养一个人格健全的孩子，孩子自然会有动力去做他的事情。

教子有方

1 孩子是一个独立的人

学习固然很重要，但学习只是孩子人生的一个方面，一直盯着孩子的学习，孩子反而觉得很没意思。家长眼中不能只有学习，而应全面地看待孩子，家长要看到一个身体逐渐成长，性格、人格都在发展的完整的人。如果孩子感受到原来父母不是只关心我的学习，而是关心我这个人，孩子的生活就“活”起来了，不然别说是学习没意思，做任何事都感觉没什么意思。

❷ 父母对学习感兴趣

活到老，学到老，父母要经常读书、读杂志、学习自己感兴趣的东西，向孩子表现出对学习的热爱；经常谈论令自己感兴趣的事情，告诉孩子你所学到的各种新鲜有趣的知识。让孩子感觉到父母对学习的兴趣，孩子自然就会被感染。

❸ 帮孩子发现学习价值

比如在工作上遇到和英文、计算有关的问题，可以向孩子请教，使孩子发现原来自己学的东西这么有用，还可以帮到爸爸妈妈，他的成就感就会油然而生。当然，父母要仔细准备，选择的问题不能太难，否则会打击孩子的学习兴趣。

❹ 生活与学习结合

让孩子制订家庭旅行计划也许会使他爱上地理；让孩子学会剪报也许会使他留意新闻；带孩子参观博物馆、图书馆，带孩子走入大自然去郊游、旅游，引起他认识事物、研究事物的兴趣，让孩子对周围的事物和现象产生热爱，渴望获得知识。

❺ 适度给孩子自由

孩子的心智虽然尚不成熟，但是家长也要有意识地让孩子自由安排自己的时间，快乐成长。如果父母的管教和约束太多、限制太多，超过一个临界点，孩子就不太愿意再去学习，因为本来是他自己的事情，现在好像变成了父母的事情。家长应当把学习还给孩子。

孩子不喜欢写作业怎么办？

不喜欢写作业

问题：

老师，我和孩子爸爸学历都很低，希望孩子能够好好学习，以后有个高文凭。为了孩子学习，我们什么事都不让孩子做，全力做好后勤保障，可是孩子就是缺一股劲，回到家也不愿写作业，多次催促才磨蹭着去写。请问老师，怎么才能改变孩子这个毛病？

专家解析

其实孩子不愿意做作业，是一件很正常的事情，试问有几个孩子是特别喜欢做作业的呢？作为父母，有时会过度焦虑，因为孩子一次或者一段时间不写作业，就觉得孩子无可救药，其实，家长越是焦虑烦躁，对孩子施加压力，孩子对作业就越是排斥，越是不愿意写作业。

有时候孩子经常抗拒写作业，可能有多方面原因，比如和学校老师关系紧张，由排斥老师到排斥写作业；也可能是家长对孩子照顾得太周到，生活中任何事都不让孩子做，孩子成了一个学习“机器”，他感受不到作为一个活生生的人的喜怒哀乐，虽然家长认为这是周到的照顾，但是对孩子而言未必如此，也可能孩子认为这些都是禁锢。

要想让孩子好好学习，主动写作业，需要提升孩子的责任心，让孩子对生活有兴趣，因此，在培养一个好学生前，要先培养他成为一个合格的人。一个人格健全的人，生活品质是可以迁移到学习品质上的。一个生活中和父母能够和谐相处的孩子，也能学会怎么和老师相处；一个生活中能承担自己责任的孩子，比如自己洗衣服、分担家务等，同样在学习上也会有责任感。

父母要培养优秀的孩子，一定要把孩子当成一个完整的人来看，全面地看，不可能生活中是“懒小孩”，学习上就成了“勤奋小孩”。

教子有方

① 提供环境

我们可以给孩子一个比较好的环境氛围，让他有可以安心做作业的空间。这个空间分为物理空间和人为空间。在物理空间上，我们可以提供一个比较安静舒适的房间；在人为空间上，家长不主动去打搅孩子。有些家长很焦虑，特别是妈妈，看到孩子在做作业的过程中似乎碰到一些难题，需要停顿一下的时候，她又去说孩子：“你是不是又在偷懒？”这就是父母干涉太多的表现，孩子没有一个合适的人为空间，自然就没办法静心地去完成自己的作业。

② 时间合理

孩子的注意力集中的时间比较短，5至6岁儿童注意力集中时间约为10到15分钟，7至10岁儿童注意力集中时间约为15到20分钟，10至12岁儿童注意力集中时间约为25到30分钟，12岁以上能超过30分钟。

孩子做作业几十分钟后，可能需要休息一下，家长要给予理解。当然这个休息时间不能看电视玩手机，不然孩子再次把心思放回学习上，就比较费劲；可以让孩子伸展下身体，喝喝水，简单活动一下。

③ 做好约定

家长可以跟孩子约定一个固定的模式，帮助他培养按时写作业的习惯。比如爸爸妈妈跟孩子说：“晚上8点到9点是咱们的家庭学习时间，是你做作业的时间，也是爸爸妈妈的看书和工作时间，总之这个时间段我们不会做其他的事情。”

这样跟孩子约定一个固定的模式，既可以帮他养成按时写作业的习惯，又能做孩子很好的陪伴者和支持者，而且父母也可以借此机会提升自己的知识水平，活到老学到老，全家一起进步。

④ 培养责任

做作业本来是属于孩子自己的责任，如果他无法很好地完成作业，也许家长更应该去培养他的责任心。生活中凡是属于孩子的事情，都由孩子自己来承担，如果他能力达不到，需要父母帮忙时，由孩子主动提出需要帮助的请求，那时，父母再给予适当的帮助，而非父母包办一切。

孩子成绩一落千丈怎么办？

成绩一落千丈

问题：

我家孩子最近成绩严重下滑，怎么办呢？

专家解析

有些家长在孩子成绩下滑时，没有理解与支持，反而去责怪，去羞辱，去比较，用自己认为的好像是激励的方式去要求孩子，可实际上孩子并没收到激励，反而收到的是挫败感、内疚感。

家长不能只向孩子要结果，也要关注孩子的学习过程，可能孩子成绩下滑，但孩子本人确实努力了，只是因为学习方法不到位等影响；也可能有时家庭关系不和谐，氛围让孩子感觉不安全，他很担心家庭，也会让孩子分心。

成绩是一个多因素作用的结果，有因有果，家长不能不问因只问果。

教子有方

1 不打击

孩子学习成绩下降，不仅父母头疼，孩子自己也是有很大压力的，父母切忌再去打击孩子，否定他之前所有的努力，也不能羞辱和威胁孩子，如果这样，将加剧孩子的压力，不但于事无补，可能还会影响孩子的学习状态，甚至让有的孩子破罐子破摔。相反，家长的角色更应该是一个理解者、陪伴者、支持者。

2 找原因

事出必有因，孩子可能遇到了一些难题，比如青春期的孩子，在处理内心冲突的时候，有可能会在学习方面有一些松懈；或者孩子的人际关系出了一些问题，以至于他把自己封闭起来了，无法很好地专注于学习；甚至可能是某个科目换了老师……这些都有可能会影响孩子的学习成绩。家长应帮孩子找到原因，而不是主观地武断地加一个原因，比如说“你就是学习态度不好，不够认真”“你看太多电视了”“你就是不好好学习，就知道玩玩玩”，等等。

如果父母帮孩子找到一些客观原因，实际上是对孩子的一种肯定，同时能缓解他学习成绩下降的挫败感。因为孩子也希望自己能够成为一个学习优秀的人。家长首先要这样设定，而不是一开始就预设孩子是不爱学习的，这就是在攻击孩子了。

3 给支持

帮助孩子找到成绩下降的积极方面的意义，其实是对孩子最大的支持。

凡事发生，必助于我，一件再糟糕的事情，也一定能够找到积极的意义；而只有找到了积极的意义，这件事情才会过去。孩子学习成绩下降没有被很好地对待，就会成为他未来一个很大的障碍，一次危机有可能影响到后面接踵而来的更大的危机，所以，家长切忌不能让孩子沉浸在消极情绪和消极观念中，要引导孩子看到这些事情的正面意义。

孩子偏科严重怎么办？

哼，就是讨厌数学！
63
你不喜欢数学还能考60多分呀！有天赋呢！
……
63
妈妈小时候不喜欢英语老师，英语每次都不及格……
最讨厌英语！
不及格
这还不简单——So easy！
那你下次要考出个70分，可会惊呆妈妈了！

孩子非常偏科

问题：

孩子偏科严重怎么办？

专家解析

不要看到成绩有不同就说孩子偏科，这是一个比较常见的误区，因为孩子的学习有时会被一些外在的因素所影响，比如某一科的老师经常夸他，或者某个老师讲课很有趣，他喜欢这个老师，那么他这一科的成绩可能就会相较于其他科目更好一点。

孩子的某科成绩不好并不代表他偏科，只是说他没有花太多的时间和心思在这个科目上面，所以才会这样。

偏科还可能有一种情况，就是孩子正在“软抵抗”自己的父母。比如有一些父母自身学历很高，但是孩子偏偏就在父母擅长的科目上成绩很糟。其实这有可能是他跟父母之间有一场“战争”。在家庭关系里，可能父母给他的感受不是很好，所以他在无意识中用了这种方式来挫败父母。

教子有方

❶ 慎重补课

有些家长看到孩子偏科，就马上找老师帮忙补课，但是家长要知道，当你说补课的那一刻，实际上就已经否定孩子了。孩子偏科，父母非常担心和紧张，但一直盯着他的话，孩子就会陷入自我否定，反而无法专注去学习。

仔细分析孩子偏科的原因，如果是因为兴趣不足，就想办法培养孩子的兴趣；如果是情绪问题，就想办法消除孩子的负面情绪；如果单纯是某些知识落下了，可以和孩子商量好后，选择补课。不能一看到孩子偏科，不分缘由，就去补课。

❷ 小步前进

孩子偏科，总想短期内迅速把成绩提上来，这往往很难实现，一次次目标达不到，孩子学习信心就备受打击，可以先设定一个小目标，考试提高两分就是一次胜利。设定一个孩子努努力就可以达到的目标，这次进步一点下次再进步一点，孩子就会越来越有信心。每一次的进步都特别重要，孩子会非常珍惜并且也会将其转化为继续努力的一个动力。就像一个弱小的队伍完成逆袭，孩子会觉得很激动。因此在这里，我们更多地可以从积极心理学的角度来看，寻找到一个更能激发起孩子前进动力的方向。

❸ 积极暗示

当你认同孩子、坚信孩子的时候，孩子也会被你的坚信所影响。因此当孩子偏科的时候，对他说："也许在这一科上面，你只是还没有找到更好的方法，等找到了，你的成绩一定会有进步的。"这种暗示给孩子的是一种积极的影响，他也会慢慢地在这一科上有所进步。

孩子粗心大意怎么办?

这次测试，又是粗心丢了很多分呀！
这么多呀……
来帮妈妈一个忙，把小的珠子挑出来……
可是我做题很粗心……
专注
我儿子真细心呐！
这么多小珠子你都能细心找出来，下次考试应该也可以克服的。
嗯！

学习粗心大意

问题：

五年级后，孩子成绩一直下降，每次考试后孩子都会哭一场，说明明有些题目会做，可不是看漏已知条件，就是填写答案时填错了。因为粗心丢分，孩子自己很难过，应该怎么帮助孩子才好？

专家解析

首先看看孩子是否遇到什么烦心事，比如和同学有矛盾、班级更换老师、甚至是青春期提前等，孩子遇到一些事情，不会处理，可能在大人看来是小事情，甚至算不上事情的事情，但在弱小的孩子眼里都是大事。

同时考虑孩子的作息环境有无变化，如果孩子休息不好，精神不佳，也会出现学习和考试时精力不集中的问题，容易出现错误。

家长也需要反思是否给孩子较大压力，一个十来岁的孩子背着压力，越想考好，有时反而越不如意。

教子有方

1 不给压力

孩子考试不理想、成绩退步，就已经很有压力了，这个时候如果家长再去指责孩子，说“你怎么这么不小心”“眼睛长哪里去了”等，不仅无益于孩子学习，可能还会让孩子产生逆反心理。

2 培养细心

从生活中的小事做起，让孩子整理自己的衣橱、抽屉和房间，培养孩子仔细、有条理的习惯；让孩子安排自己的课余时间和复习进度表，培养孩子有计划有顺序的习惯，通过改变孩子的行为习惯来改变他的个性，久而久之，就会慢慢改掉马虎粗心的习惯。

3 不贴标签

一旦家长给孩子贴上“粗心”的标签，就很难改正，粗心是一种性格特点，改变性格太难，而且也等于孩子给自己学习退步找了一个理由。可以通过增加知识点的熟练度，增强基本概念，提高单次准确率，做题过程认真等方法，来提升孩子的考试效果。

4 集中精力

不一心二用，做作业时不看电视、不听音乐，大人也不做干扰，专注的状态下，注意力集中，就会减少犯错。

5 强化细心

在孩子细心的进步中马上表扬他，强化他的细心，这样他就会继续朝着细心的方向发展。

第七章

提升自控力

孩子注意力不集中怎么办?

注意力不集中

● **问题：**

孩子注意力很不集中，上课的时候经常做小动作，在家做作业也总是这里摸摸那里摸摸，有时候要喝水，有时又上厕所。怎么让孩子注意力能够集中一些？

专家解析

注意力不集中的问题，一方面和年龄有关，儿童和青少年注意力时间本来就短，家长不必过于担心。另一方面，孩子缺乏明确目标，不知道自己要做什么，做事情都像为父母做，自然很难集中注意力。

教子有方

1 了解孩子性格

每个人的性格都有一部分是天生的，有些孩子本身就是外向型的，对世界充满好奇，很乐于探索；也有孩子是内向型的，他们特别能够沉下心来。但是性格没有好坏，也没有对错，或许只是家长对自己孩子有一个不同于孩子性格的期望。每种性格都有其优点，同时，也不存在完美的性格。

❷ 培养习惯

人都是趋利避害的，如果一个习惯对我们自己是有利的，我们一定会保持下去；如果是不利的，我们一定会改变它。因此与其说帮孩子去养成一个习惯，还不如说在他集中注意力做到某件事情后，能得到什么好处。如果能得到一些好处，他自然而然会坚持这种行为模式，如果没有得到好处的话，你再怎么样让他做，甚至于惩罚他，也是没有用的。即便他做到了，也只是应对你的一个方式而已，而不是自愿形成的习惯。

❸ 营造环境

比如孩子在家学习，而父母或者孩子的弟弟妹妹就在客厅看电视、嬉戏玩乐，孩子心中潜藏着不满的情绪，更会影响他的学习兴趣和注意力。

❹ 减少打扰

家长不要因为孩子哪里做得不好，就去打断孩子，给孩子提建议；或者是孩子在玩的时候，家长不断唠叨孩子，这都是在干扰孩子的注意力。

孩子做事拖拉怎么办?

快 8 点了，上学还一点都不着急……
对了，昨晚还有个剧没追呢！
?
马上 8 点了，你还要送我上学呢！
你慢点吃，我先看完再说……
这就走啦啊？好吧——
我准备好啦，快走吧，要迟到了。

做事拖拖拉拉

问题：

我家孩子做事拖拖拉拉，十分磨蹭，我认为半小时能做完的事情，孩子要半天才干得完，我都替孩子着急，现在是快节奏的社会，孩子这样慢性子哪能行，该怎么教育孩子？

专家解析

首先看孩子是否出生后一直反应较慢，部分孩子天生是神经递质传递速度慢，做任何事都慢悠悠，这并非拖拉。

如果孩子以前做事速度快，效率高，近来拖拉磨蹭了，家长就要反思了：是不是做了什么事，让孩子从效率高变成了拖拖拉拉呢？

磨蹭其实是孩子反抗父母的一种形式，是一种比较隐蔽的“软反抗”，孩子的潜台词是这样的：我不喜欢这个事情，也不喜欢你们的建议，可我又不得不这么做，那就只能慢慢做。

教子有方

1 觉察自己

父母觉察自己的焦虑感。有些爸妈总担心孩子做事情拖拉会造成很严重的后果，于是每天想尽办法督促孩子，在这个过程中孩子感受到的是什么？他感受到的是：我并没有被爸爸妈妈信任和尊重。

其实，父母可以跟孩子讨论一下，或者问下他自己的时间管理是怎么样的。他的方式可能跟你的会有一些冲突，在这个时候作为父母，愿不愿意尊重孩子呢？

2 做好约定

安排事情在规定时间内完成给予奖励，超过时间则要受罚；节约的时间由孩子自由支配，让他觉得事情做得快会很值。

3 言传身教

父母自己管理好时间，让自己的时间安排得充实，做事干净利索，给孩子做正面榜样。当父母真的做好了自己的时间管理时，孩子认同父母，自然会跟父母学习。如果父母做得不一定很好，但是要求孩子做到的话，孩子就会觉得“凭什么？”，己所不欲勿施于人。

4 提供参考

父母可以给孩子提出一些建议，也可以跟孩子一起看一些关于时间管理的书，让孩子学习一些相关的知识。

5 及时肯定

只要孩子落实了大人建议的计划，哪怕只比之前快一点，也要大大鼓励，让他充分体验到计划落实后的成就感、自信心，激发新的执行动力。孩子不可能每件事情都磨蹭，也不会在一个事情上每次都磨蹭，只要发现孩子有表现效率比较高的情况时，就及时肯定，让孩子在做这件事情时有成就感。

6 允许自主

有时候我们会发现我们并没有给孩子自主权。比如有些家长每天叫孩子起床，而没有真正地给孩子自主的权利去为自己负责，承担一些结果。比如上学迟到了，就会受到学校的惩罚。再如有些家长说，你必须做完作业才能玩电脑；孩子说不，我就偏要玩了电脑再做作业，于是妈妈就跟他僵持起来。那么孩子不敢公开反抗家长，但是又想维持一下自己的感受，他就会慢吞吞地做作业。要让孩子自己做主，并告知他，他同时要承担相应的自然后果。

7 循序渐进

家长不要心急，不要期望孩子几天内就能完全改变自己，要有足够的耐心，有打“持久战”的准备；同时循序渐进，分步走，每次孩子改变一点就可以，再循序渐进到终极预期。

孩子做事不坚持怎么办?

妈妈，我不想
学羽毛球了……
哦，好吧。
马上第一阶段就学完了，
再坚持最后五节课吧？
五节课还好
很快就结束了。
第一阶段完结
证书
我觉得羽毛球挺
有意思的——
那再设一个
小目标?

做事容易放弃

● 问题：

孩子现在一年级，我发现他做什么事情都很容易放弃。给孩子买了他喜欢的拼图玩具，一开始玩得不亦乐乎，玩了一会儿觉得难拼就放弃了，不想玩了。我担心他以后在学习上也是如此，那以后他怎么能学得好呢？

专家解析

孩子做事难以坚持是很常见的现象，孩子本身集中注意力的时间长度就不如大人，孩子的新鲜感总是过得很快，总会有新事物的出现吸引他的目光。如果一件事情本身的难度超过了孩子的能力，那么孩子不能从事情本身中获得成就感，同时，这件事情本身又没有特别的意义，那么会越做越没劲，别说是孩子，即便是成年人也很难坚持做下去。

同时，这位家长担心得有些过多，不能从一两件事情中就判断孩子是个容易放弃的人，贴上这样的标签，再推理出来孩子以后学习不行；学习好坏是多因素的事情，不是由一两件事情就能完全推断的。孩子的发展并不是直线形的，影响孩子发展的因素有很多，而且发展是动态的，作为家长，不要用静态的眼光看待孩子的成长。

教子有方

1 家长引领

家里的每个人，包括爸爸妈妈，都必须做一件对自己而言困难的任务，并且需要每天刻意练习的事，比如爸爸妈妈每天坚持早起跑步，这样就可以给孩子起到示范引领作用，不能家长做事不坚持，反而还要求孩子坚持到底。家长做任何事情都要有始有终，不要轻言放弃，那么教育孩子再这么做，就更有说服力。

2 量力而行

有的家长为了锻炼孩子，往往给他布置一些超出能力范围的任务，孩子没有接触过，自然做不好，这会给孩子的内心带来很大的挫败感，比如每个人刚开始用筷子的时候都不能很自然地用好。许多外国旅客到中国来，虽然都是成年人，但是依然无法短时间内顺利使用筷子，不得已放弃而选择使用刀叉，我们能说这些人就是半途而废的人吗？所以，家长布置任务，一定要稍微高于孩子的实际能力，这样既不会完成得太轻易，又会让孩子通过努力完成任务从而获得成就感，以后做事就不会半途而废了。

3 鼓励孩子

有时孩子放弃，也许是遇到了“初期困难”，一开始无法完成，会打击孩子的热情和自信。在孩子初期遭遇挫折时，最需要家长的鼓励和陪伴。当孩子的进步被赞扬、努力被认可时，孩子才会产生坚持下去的动力。决定孩子能否在社会上立足的关键，不是孩子的短处而是长处，家长应该发现孩子身上的优点，让其发扬光大，总能让孩子看到希望所在。

4 自主选择

许多家长总喜欢把孩子的“选择权”和“决定权”攥在自己手里，以为这是对孩子好，其实不然。家长认为孩子应该在哪些事情上持之以恒、锲而不舍，这只是家长的期待，孩子却不一定要这样做，那么有没有一些事情是孩子愿意沉浸其中、乐此不疲，可以较长时间坚持下去的呢？家长要观察，善于发现这些能让孩子坚持去做的事情，这些事情是孩子自己选择的，那么孩子就有更大的意愿去坚持做下去。

5 打“预防针”

如果孩子做事经常“三分钟热度”、半途而废，家长就不能太轻易满足孩子的一些要求，比如下次再买玩具的时候，家长要吊孩子胃口：“宝贝，你喜欢这个玩具，爸爸妈妈可以给你买，但是如果你玩两下就不玩了，玩具也会很伤心。所以买来的玩具，你是不是能多陪陪它？玩具有些玩法你可能刚开始不熟悉，你怎么办呢?如果不会玩了，你想放弃时，又怎么办呢？”提前沟通好，给孩子打“预防针”，预设一些孩子可能会碰到的问题就会坚定孩子的意志。

孩子不够自律怎么办?

水壶没拿!!
要迟到啦!
红领巾!!
以前的妈
事事需要提醒，手忙脚乱。
快迟到了，还不知道自己该干啥。
慢悠悠
记者采访一下：“请问您今天的工作是怎么安排的呢？”
现在的妈
嗯……我得先收拾书包……然后吃早餐，还得带上马克笔，8点前到校！
我要开始我的工作计划了！
还是喜欢自己主宰生活。

做事不自律

问题：

孩子做事不够自律，总是需要家长提醒，比如早上去学校，我们不提醒他时间，他就不看几点了。孩子一直这样，总是长不大，怎么办才好？

专家解析

家长说孩子不够自律，往往是因为家长内心中对孩子有一个理想的期望，希望他能够自觉自律，从而给家长减少麻烦，顺从于父母。那么当我们知道这些以后，再去重新想一下，你的孩子真实的样子是什么样的？你脑海中希望的他又是什么样的？家长评价孩子自觉性高低的标准，也许本来就带着主观的偏见。

教子有方

1 父母放手

一个自觉性差、自制力不强的孩子身边，一定会有一个不断提醒、不断评判、不断去为孩子承担的父母。比如孩子早上无法准时起床，一般爸妈都觉得是孩子的问题，但是如果我们再分析一下会发现，这是需要亲子“合谋”完成的一件事情。为什么？因为当孩子不起床的时候，爸爸妈妈会很焦虑，担心他上学迟到，所以就会不断地去提醒、催促，甚至责怪孩子。那么孩子在跟爸爸妈妈相处的过程中，他会感受到父母的焦虑，同时觉得没有被父母尊重，而是被控制了，这就会发展成一种权力的斗争：父母要求孩子自觉，孩子则希望自己能够自主多一些。因此在这个时候，当家长意识到自己可能替孩子承担了本来应该孩子自己承担的责任的时候，家长可以把自主权还给孩子，不要总是在他耳边提醒他做什么，而是让他自己为自己的行为负责，这样，孩子自然而然就培养起自我管理的能力了。

❷ 培养习惯

如果要让孩子形成自律的习惯，我们需要思考一下，他完成某件事情以后，能得到什么好处呢？很多父母都会盯着孩子做事，不断地去提醒他，这其实给孩子制造了一个并不是特别好的感受，也剥夺了他的自主权，还不利于培养孩子自律的习惯。因此，与其去提醒、催促孩子，我们可以看看，能否在他完成某件事情的过程中，帮助他去获得一些好处，或者说好的体验。

❸ 自律律人

当家长说孩子不够自律的时候，先问一下自己，我们是否是一个自律的人？在家庭，制定一个规则，大家都要遵守，父母不能搞双重标准，严以律子，宽以待己。因此总的来说，孩子的很多行为都是从爸爸妈妈身上学来的，做好自己，孩子自然也会认同你，并向父母看齐。

孩子自律性比较差怎么办？

自律性比较差

问题：

我家孩子不顺心就哭闹，想要玩具不给买就赖在超市不走。怎么才能增强孩子的自我控制能力呢？

专家解析

自控力是培养孩子专注力及好习惯的最基础能力。2011年1月，《美国科学家学报》刊登了一份研究，针对1003名孩子，从3岁开始，一直跟踪到32岁。在3至4岁中自控力较强的孩子，在成长的过程中，身心更健康，学业更好，青春期出现的问题更少，考的学校更好，收入更高。

自控主要是能做到两个方面：能控制好自己的情绪和能控制好自己的行为。自控力不是天生的，需要后天不断地训练和培养，所以家长无须担心，通过一定的训练，孩子都可以提升自控能力。

教子有方

❶ 家长带头

首先，家长得是一个自控能力强的人。我们不喜欢孩子稍有不顺心便开始哭闹，那么面对孩子的哭闹，家长又是怎么做的？是不耐烦地对他大吼？还是平静地面对？如果父母连自己的情绪都控制不了，又怎么可能“训练”出一个有自控能力的孩子呢？

❷ 区分情况

对于孩子因要求不被满足而哭闹的现象，要区分不同情况，如果确实是急需的，则应当满足；如果已经答应了孩子的，那么也要满足，作为家长不能言而无信，而孩子临时提出来的随意要求，家长可以不必满足。

❸ 承担后果

父母要告诉孩子：“你发脾气或者这样做是要承担后果的，你看看你这么做，能解决问题吗？你扔东西了，是不是要把它收好呢？”要让孩子意识到，他们要为自己所做的事情承担后果，这样孩子才能记住，他要为自己所做的事情负责！如果一个人不能为自己负责，那么又何谈自控力呢？

❹ 日常惯例

比如进超市前，与孩子约定“只能买一件东西且不能是膨化食品，如果你想要的东西没有，我们可以下次来，不能临时看见什么就要什么”等，孩子形成这样的习惯，以后就不会出现因为临时看见吃的、玩的，抵抗不了诱惑而失控。家庭作息也设置相应的时间，长期遵守，孩子自然而然形成惯例。

一个从小就被“训练”掌握自控能力的孩子，长大后一定能很好地管理自己，这将是他一生的财富。

孩子没有耐心等待怎么办？

没有耐心等待

问题：

周末带孩子去了游乐场，孩子想玩滑梯，无视前面正在排队的小朋友，硬要抢先上去玩，遇到要求没有被及时满足的时候，他就发脾气，我怎么劝他都不听，说得多了，他还躺在地上打滚。平时也发现孩子性格比较着急，没耐心，想要什么东西就要马上拿到，不然就一边叫一边往地上躺。我真不知道孩子这样子该怎么办。

专家解析

孩子出现没有耐心的现象并不奇怪，因为耐心不是与生俱来的，需要在日常生活中逐步培养。不少家长对孩子有求必应，如果孩子有需求，家长都是以最快的速度满足，孩子从来没有等待的经验，在这种情况下，孩子没有耐心就不足为怪了。但当孩子慢慢长大后，家长就要求孩子立刻有耐心，这显然也是不现实的。

也有些父母出于对孩子的关心，不分时间、场合，经常打断孩子正在做的事，这也是影响孩子做事有始有终的因素之一。比如孩子正在玩，爸爸妈妈会不时地问他是否喝水，孩子在玩的过程中不断被打断。孩子的思维活动也需要有连续性，经常受到干扰和打断，他的心就静不下来，长此以往，自然对什么事都没有兴趣、热情以及耐心了。

教子有方

① 体验后果

在生活中，让孩子体验不等待的后果。比如孩子着急喝水，但水还是很烫，要等一会儿，稍微凉些再喝；如果孩子执意要喝，那就给一小勺，让孩子尝一下，知道烫了之后，他下次自然会等待。

② 鼓励孩子

孩子遇到了困难，家长不要马上给他帮忙，而是应该鼓励他坚持一下。家长有意识地在日常生活中选择一些孩子感兴趣的事情，并让孩子做完，使孩子养成做事持久的习惯。孩子在玩玩具时，不要在他的面前堆放过多的东西，要创造一个良好的环境，使孩子集中精力于某一件事情上。

③ 预先提醒

在超市、游乐园区等需要排队的地方，爸爸妈妈带着孩子在门口排队，并提前告知孩子，排队大概需要多长时间，排队是一个很正常的事情等，让孩子有个心理准备。

④ 把握限度

让孩子等待的时间要有一定的限度，如果等待需要很长时间，爸爸妈妈可以安排一些小游戏或者给孩子讲故事来分散孩子的注意力，缓解孩子的情绪，以便让孩子能够坚持下去，还可以根据当时的场景，让孩子说出周围都有什么事物，小孩子本来就对不了解的事物比较好奇，因此可以有效缓解等待的枯燥感。

第八章

养成好习惯

家有捣蛋娃

孩子过于调皮捣蛋

问题：

我家孩子像电视里的孙猴子一样，整天“大闹天宫”，家里的东西都弄得乱七八糟，整天在家大呼小叫，家里有这个捣蛋孩子，我都头疼死了，应该怎么办才好呢？

专家解析

有一些调皮捣蛋的孩子经常会闯祸，让父母感到非常生气，不知道如何处理。要想改变孩子，我们就要了解孩子喜欢调皮捣蛋可能有以下原因。

1 体验力量

随着自我意识的发展，孩子渐渐意识到自己和别人是有关系的，自己的言行可能会引起别人不同的情绪反应，在这个过程中，使他能够体验到自己的力量，进而喜欢上通过捣蛋来左右别人的情绪。

2 自我发泄

孩子的大动作技能已经有了一定的发展之后，喜欢到处探索，交往意识也日渐加强；但由于活动和交往空间的限制，这些意愿通常难以得到满足，在旺盛的精力还没有更理性的宣泄渠道之前，捣乱、搞鬼就成为一种自然而然的选择。

③ 引起注意

有时候孩子淘气是因为情感需求没有得到满足，想借此引起大人的注意，进而获得关爱。

教子有方

① 冷静面对

家长要认识到淘气是这个年龄段正常的行为表现，不给孩子乱贴“多动症”“皮得要死”之类的标签，以免让孩子受到负面的心理暗示。在孩子调皮捣蛋的时候，很多父母容易激发起情绪，忍不住去打骂孩子，或者用道德谴责孩子，但这种做法更多的像是驯养动物的方式。驯养动物很简单，因为有明确的是非对错，如果不听话就打它，让它产生痛感，以至于它不敢再去做这件事情。因此，通过给孩子制造痛苦或者恐惧，来迫使他对一些行为能够节制，或者不去做这个行为，都是一种动物驯养的方式。这些方式，往往不能够让孩子不调皮捣蛋，反而他可能因为恐惧或者逃避而学会了推责，明明是自己干的事情，说是别人干的，孩子就不光是调皮捣蛋，还变成了一个“撒谎高手”，因此不管是打骂孩子还是道德谴责，都不是很好的办法。

② 分析原因，对症下药

比如，如果是因为情感需求的缺失，就给予更多的关爱，如果是因为旺盛精力无处发泄，就给予一定的自由空间，也可以多带孩子出去走走，给孩子找个玩伴，让孩子更妥当地释放自己的能量。

③ 表明态度

当孩子通过淘气来试探家长的行为反应的时候，家长也要及时表明自己的态度，借机帮他调整行为底线。比如，当孩子拿着插头玩耍的时候，我们一定要妥善制止，平静地把孩子抱开，告诉他插头是用来通电的，不是用来玩的，并进行更安全的防护。

④ 融入孩子的世界

淘气有时候也会为密切的亲子关系提供契机，因此有时候我们也不妨放下大人的架势，同正在淘气的孩子闹作一团，则亲子之爱很可能在这种没有“年龄界限”的打闹中得到提升。

⑤ 因势利导

当孩子在淘气中表现出一定的创意时，我们还可以因势利导，将孩子淘气的能量导向更理性的轨道，比如，当孩子把布娃娃扔得到处都是时，我们不妨蹲下来抱起布娃娃，温柔地哄布娃娃睡觉，或许，受到感染的孩子也会因此跑过来，跟家长玩起“过家家”的游戏。

孩子偷拿家里的钱怎么办?

偷拿家里的钱

问题：

现在使用微信、支付宝的付款方式比较多，现金很少用，我钱包里有八百多块钱现金，放了很久都没有用了。上周同事结婚，就想着用现金随礼，可发现少了200块钱。问老公，老公说没拿，也不可能是被小偷偷走的。我就怀疑是孩子偷拿的，他正好这两天买了一把玩具枪，告诉我是小朋友送的。问孩子，孩子也不承认，后来找到孩子说的小朋友问，小朋友说没送孩子礼物，孩子最后终于承认是他拿了钱，去买了玩具还有一些零食。俗话说“小时偷针，大时偷金”，孩子这么小就开始偷钱，怎么教育才好呢？

专家解析

从这位家长的叙述中，可以看到她的焦虑。家长不用过于担心，孩童时的偷，其实要加个双引号的。对于“偷”这个概念，北京人发明的一个词非常有趣，叫“顺”，顺走了，就是拿走了的意思，这个词很俏皮，它更像小孩子之间的一个游戏。

小学前及小学低年级的孩子，道德意识还没有很好地发展起来，包括对“偷”这个词也不是很理解，有时候他分不清这个东西是属于谁的。因此，如果孩子有一些类似偷东西的行为，就马上被爸爸妈妈贴上“小偷”的标签的话，可能会让他自卑很长一段时间，而更坏的结果，就是真的养成了偷东西的习惯。

教子有方

1 聆听需求

我们可以尝试着聆听一下孩子的需求是什么，并教会他怎么去满足这个需求。在第一次发现孩子有这个行为以后，家长一定要跟孩子沟通，问问他的感受，为什么他这么渴望拿到这个钱或者这个东西，而不是直接就给孩子下定论、责骂或者惩罚孩子。

2 给零花钱

家长可以帮助孩子建立零花钱的概念，这样有利于培养其延迟满足的能力。尤其是当孩子上了小学一年级以后，一定要有零花钱的概念。这个零花钱，不是说他一定会有很多的机会去买东西，也许他连买的机会都没有，但是父母需要给他，因为这是他自己的钱。如果孩子有了零花钱的概念，自然就不会拿父母的钱了。

3 劳动回报

也可以试着让孩子帮大人做一些事情，让孩子因此获得一些相应的报酬。这样孩子能在实践中慢慢懂得“我要获得回报，就要付出努力；同时只要我付出努力，就可以得到回报”，这个概念会内化到孩子的心里，让孩子“劳动致富”。

4 监督奖励

制定家规，让孩子给父母挑毛病，让孩子监督父母的言行举止，孩子每发现父母违反家规一次，就奖励孩子一定的零花钱。这种给孩子零花钱的方式，既让孩子有成就感，又帮助家长改正了自身的不当言行，塑造了好家风，同时，孩子在监督父母的过程中，也不断内化了家庭规则和行为准则，这也是不知不觉中塑造孩子良好行为的好方法。

5 巧妙应对

淡化“偷”的色彩，用“拿”或“用”，孩子可能对金钱的所有权、使用权并不清晰，也不认为是“偷”，家长处理问题时要顾及孩子的自尊心和羞耻感，让孩子能够从这个事情里面学到一些积极的意义。

孩子爱吃零食不爱吃饭怎么办?

爱吃零食不吃饭

问题：

我家孩子特别爱吃零食，往往到了吃正餐的时候，要么吃几口就不吃了，要么就一口都不吃。有的时候甚至一边吃饭一边玩，怎么能让孩子好好吃饭？

专家解析

孩子没形成就餐习惯，比如孩子特别小、还在喝奶时，往往是大人抱着喂奶，孩子自己手里还抓着玩具；长大一点后，自己能吃饭了，却养成了一边吃饭一边玩的习惯。有时候孩子不想吃饭，家长还拿个玩具哄孩子。

也可能是孩子对食物有抗拒心理，孩子的心理非常敏感，如果有了不愉快的就餐经历，就会对食物产生抗拒心理，比如饭菜不合口味，或者本来饭量不大但家长非要求孩子多吃饭等，一旦对食物产生抗拒心理，那么就餐的时候无法集中注意力，也会形成一边玩一边吃的坏习惯，用玩来拖延时间、减少食量。

教子有方

❶ 家长反思

父母是孩子的第一任老师，孩子的很多行为其实都是学习父母的，孩子有饮食习惯方面的坏毛病，父母首先应该检讨一下自身，是不是在吃饭时也存在类似的问题，是不是经常一边吃饭一边看手机或者看电视？孩子对家长的行为看在眼里，才逐渐模仿起来。家长和孩子一起吃饭时，远离手机、远离电视等电子产品，孩子自然而然地模仿、学习，悄然改变。

❷ 养成规矩

孩子在开始学吃饭时，就要养成坐在桌子前吃饭的规矩，把玩具拿开，严格区分吃饭和玩耍。家长不要在意孩子把饭弄得到处都是，训练独自吃饭更重要，不要追着喂饭。设定就餐时间 30 分钟，超时就端走饭，让孩子等到下一顿再吃，中途饿了也不能吃，孩子自然对正餐重视起来。如果在下一顿开饭前，孩子觉得饿了，则可以适当给他喝些水，或是玩游戏转移注意力，让他适当体验饥饿感。家长不用担心这样会饿坏孩子，现在的人不缺营养，甚至很多人都存在营养过剩的情况，即便孩子饿一饿，对身体也是有益无害，医学上常讲“饭吃七分饱”，偶尔的饥饿不仅能让人感觉饭菜的可贵和美味、还能增进食欲，帮助身体清理肠道。

❸ 限制零食

很多孩子爱吃零食、喝饮料等，不给就哭闹；但是在两餐之间零食吃太多，孩子没有饥饿感，正餐自然吃不下。家长一定要限制零食，该狠的时候必须狠，哭闹也不能妥协。

④ 鼓励引导

家长可以说:“吃饭要坐在饭桌前，我们先吃完了饭，再玩吧。让爸爸妈妈看看，宝贝又能吃好饭，又能玩得好。”

⑤ 愉悦用餐

用餐时保持心情愉悦，避免饭桌上斥责孩子，以免造成用餐时的负面心理。

孩子不爱收拾玩具怎么办?

邋里邋遢不收玩具

问题：

孩子玩完玩具后满地狼藉也不管，或者就地一扔就干别的事情去了。每次说他，他就说等会，一直等到晚上睡觉都不收。孩子邋里邋遢，该怎么办？

专家解析

孩子不爱收拾玩具与归位意识发展不良有关，再深层次的原因，就是没有养成良好的秩序感。

培养孩子的秩序感一般从2岁起就开始，比如训练孩子大小便去卫生间；孩子如果把玩具按照他自己的要求摆放成特定的秩序，大人不要干涉，这是孩子在发展秩序感。

家长也应注意把自己的物品放得整齐有序，不少人贪图一时方便，东西用过后随手一放，使家庭环境变得凌乱不堪。孩子看在眼中，自然会加以仿效，玩具玩过后随地一丢，孩子之所以会这样，就是因为“耳濡目染”父母的行为所致。

教子有方

❶ 注意言传身教

家长也要养成用过的东西及时归位的习惯，并及时通过语言强化这样做的道理，这样一来可以唤起孩子的秩序感，二来对孩子来说也是最好的示范，因为孩子是“偷学大师”。当家长在收拾时，应该及时提醒孩子，告诉他:“妈妈用过东西后都会收拾好，所以你也要用完就收拾哦。”

❷ 通过绘本或视频进行引导

多给孩子看一些带相关情节的绘本或视频动画，引导孩子向故事里的小主人公学习。

❸ 必要时采取强制措施

如果不管大人想什么办法孩子都不配合归位，则可以采取强制措施，比如孩子玩喜欢的玩具的时候，不及时归位就把这个玩具“没收”，让孩子体验不及时归位所带来的负面结果，而且，给孩子制定的归位规则要执行到底，一旦破坏就果断地给予孩子“惩罚”，不破例，不让孩子有侥幸心理。

❹ 收掉一些玩具

家里玩具太多有时候也会让孩子随便乱扔，可以把孩子不常用的玩具收起来，就留几个常用的在外面，这样孩子就知道珍惜了。

孩子不喜欢做家务怎么办?

不喜欢做家务

问题：

孩子比较懒，都是大孩子了，什么都不做，放假就躺在床上、窝在沙发上。怎么能让孩子做些家务？

专家解析

有些家长意识不到孩子做家务的重要性，只觉得让孩子安心学习就好，其实这是很不科学的教育方式。目前，青少年“四体不勤，五谷不分”，不珍惜劳动成果，生活自理能力较差等现象相当普遍、严重。近年来，高年级小学生和初中生不会剥鸡蛋、系鞋带、洗衣服之类的新闻不时见诸报端，也充分证明了这一点。

做家务，能够在潜移默化中磨炼孩子的意志，不仅可以增强孩子的责任感和自信心，还可以丰富生活知识，发展智力。孩子在劳动中直接动手，直接接触各种事物，也是在直接积累生活知识。俗话说“心灵手巧”，孩子经常动手，不仅使手部活动变得更加灵巧，而且还能促进大脑中枢神经的发展，使人变得更聪明、动作更协调、动手能力更强，这样的孩子长大后在工作当中也会更具有条理性。

哈佛大学一项长达20年的研究表明，爱做家务的孩子跟不爱做家务的孩子相比，就业比例为15：1，前者收入比后者高20%，且婚姻更幸福。中国教育科学研究院对全国2万个小学生家庭进行的调查也表明，做家务的孩子比不做家务的孩子，成绩优秀的比例高了27倍。

教子有方

1 正确引导

让孩子意识到家务活不只是一个人应该做或者只是爸爸妈妈的事情，而是整个家庭的责任，每个家庭成员都应该出自己的一份力。如果孩子不愿意做家务，也不需要逼着他做，强迫反而会使孩子更加叛逆；可以召开家庭会议，与孩子一起进行商议，由孩子选择一两项家务来做。

2 不必苛求

孩子一开始做家务的时候，很可能做得不好，用的时间多、效果还不好，甚至还可能把家里搞得更乱，这个时候就不能苛求，要给予孩子一些鼓励，这样他才会更加有动力，甚至家长还要做好一些收拾残局的准备。

3 不给金钱

有些家长会用零花钱来鼓励孩子做家务，过多地使用金钱来促使孩子做家务并不好。一开始孩子为了赚钱，会表现得很积极；但是时间长了就会造成很不好的后果，孩子会跟家长讨价还价，甚至变得唯利是图，做什么事都要拿钱来衡量。孩子忽视了责任感，可能哪天不给钱就不干了，这对孩子价值观的培养是非常有害的。其实，用其他有意义的事情来代替金钱奖励，比如周末可以看一场喜欢的电影，或者买一套喜欢的书等反而更好。

④ 给予指导

刚开始让孩子做家务，要选择简单的工作，并且说明怎么做，比如让孩子擦桌子，要教孩子挽起袖子，以免弄湿衣服；告诉孩子洗抹布时不要把水洒得满地都是，以免滑倒；给衣服分类时，告诉孩子不同类型的衣服应该如何分门别类。家长还可以一边示范一边讲解，让孩子看清听懂，他才会学着做，并逐步掌握这些技能。

⑤ 适时示弱

“妈妈累了，可以给妈妈倒一杯水吗？”“妈妈腰疼，能帮妈妈捶捶背揉揉腰吗？”孩子通常是不会拒绝的。家长的示弱，给了孩子表现自己的机会，给了孩子爱父母的机会，也让孩子明白自己有照顾父母的责任。父母适当地向后站，推动孩子向前冲。可以每个月有一次家庭大扫除，全家一起劳动，不但做了家务，还能促进亲子感情。

⑥ 按龄选择

9至24个月：给孩子一些简单易行的指令，比如让孩子扔自己的脏尿片等。

2至3岁：让孩子帮忙扔垃圾，帮忙取东西，整理自己的玩具等。

3至4岁：可以让孩子帮忙给花花草草浇水，饭后把餐具送回厨房；学会自己刷牙、使用马桶，把自己的脏衣服放到装脏衣服的篮子里等。

4至5岁：饭前帮忙准备餐具，把叠好的干净衣服放回衣柜，自己准备第二天要穿的衣服等。

5至6岁：不仅要熟练掌握前几个阶段要求的家务，并能帮忙擦桌子；收拾房间（会把乱放的东西捡起来并放回原处）。

6至7岁：在父母的帮助下洗碗盘，能独立打扫自己的房间，会把垃圾扔到小区垃圾箱。

7至12岁：采购家庭日常用品，能做简单的饭，清理洗手间、厕所，会用洗衣机。

12岁以上：只要不是涉及电路等危险系数较高的事情，其他家务都可以让孩子尝试去做。

每个家庭不同，每个孩子也不同，家长可以根据自家实际情况，引导不同年龄的孩子做他力所能及的事情。

孩子不敢一个人睡觉怎么办？

不敢一个人睡觉

问题：

听很多家长说，3岁起孩子就要单独睡觉，可我孩子都6岁了，还是不能一个人睡，让他一个人睡，他就又哭又闹，怎么也不睡。这可怎么办？

专家解析

已经习惯和爸爸妈妈睡觉的孩子，当一个人睡觉时，闭上眼睛的那一刻，他会觉得跟这个世界完全隔离了，可能会体验到一种恐惧感。所以很多爸爸妈妈哄孩子睡觉的方法，就是坐在他旁边哼着儿歌，拍拍他的背，孩子很容易会睡着，因为爸爸妈妈的声音和触摸，让孩子感觉到跟这个世界是有连接的，放松下来以后，就会很快睡着。

需要注意，家长不要去欺骗孩子。比如有些妈妈跟孩子说“你睡吧没关系，妈妈就在你身边”，但等到孩子睁开眼睛的时候，发现妈妈不见了！那是一种非常糟糕的体验。

有的父母直接把孩子一个人关在儿童房，或者送到住宿制幼儿园，孩子不愿意，但又无能为力，他会觉得“爸爸妈妈不要我了”，这会给孩子留下创伤的体验，感受不到自己是被爱的，甚至这种创伤可能会一直伴随着孩子，直到成年状态。

教子有方

❶ 循序渐进

父母可以跟孩子一起商量，制订一个循序渐进的计划，给孩子一个心理准备的时间。比如，我们告诉孩子，开始的时候，妈妈会陪你久一点，每次睡觉前会给你讲故事，等你睡着了，妈妈再离开。然后接下来，陪伴的时间会稍微少一点，鼓励孩子自己面对一个人的时间。

❷ 举行仪式

等到孩子能够适应独自睡觉的时候，再强化他的成就感，给予一些奖励，并且找一天，用一个仪式化的程序，告诉孩子“从今天开始，你已经可以一个人睡觉了”。可以将儿童房布置得温馨一些，可爱一些，放一些孩子喜欢的玩具，做一些孩子喜欢的装饰。

❸ 陪伴性玩具

家长需要寻找一个“替代的妈妈”，去陪孩子睡觉，有些孩子平时或者睡觉前喜欢抱着一些玩具，就可以问问孩子“想不想要这个东西陪你一起睡觉”。

❹ 多些耐心

孩子单独睡觉这个过程一定会有反复，作为父母，必须识别出孩子的“把戏”，并且坚持原则。

孩子晚上不按时睡觉怎么办？

晚上不按时睡觉

问题：

我家孩子，精力超级旺盛，全家人天天都饱受煎熬。小家伙明明已经困得厉害，却硬是不睡，并且为了不睡觉还故意折腾人：在床上滚来滚去，一会儿要妈妈给讲故事，一会儿要玩玩具，一会儿要上厕所，把人折腾得累得不行。怎么能让孩子按时睡觉呢？

专家解析

其实，每个孩子所需要的睡眠量是有个体差异的，有的孩子睡眠质量高，睡得时间短就已经获得足够的休息，精力比较充沛，这样的孩子可以白天多让他玩，大量消耗体力。也有的孩子抗拒就寝，就算看起来孩子揉眼睛、打哈欠，一副很困的样子，但就是不肯睡觉，其实这是因为孩子看着大人不睡觉，自己也很想加入其中。

教子有方

1 固定时间

固定的作息时间是孩子最好的助眠办法，经过几周的习惯养成，孩子会形成生物钟，以后将会在同样的时间出现睡意。在就寝前10分钟提醒孩子睡觉时间快到了，这样会减轻孩子的睡眠抵抗，否则孩子正在玩，家长突然说睡觉时间到了，不允许玩了，孩子也会抗拒。

2 睡前仪式

对于孩子而言，固定的睡前活动能提供一种安全感，帮助孩子了解即将发生的情况。比如换上特别的睡衣、洗澡、刷牙、唱儿歌、讲故事，但是无论是什么活动，都重在坚持。不要在睡觉前半个小时和孩子玩激烈游戏，容易让孩子的脑细胞处于活跃状态，一时半会儿安稳不下来，自然也就无法按时入睡。

3 温水洗脚

温水洗脚有助于缓解疲劳，安然入睡。

4 晚餐适中

晚上不要饿肚子，也不要吃太饱，这两者都容易让孩子在睡觉前“不安分”，而且也对孩子的健康不利。

5 以身作则

有时家长事情比较多，希望孩子早点睡觉，然后自己再处理一些事情，可有时候孩子看大人不睡，他也不睡。孩子都有逆反心理，他会觉得，当大人真好，可以想干什么就干什么，没有人管，凭什么你可以玩却让我睡觉，不公平。因此，家长可以提前规划好自己的事情，提高一些效率，舍弃一些不关键的事情，和孩子一起睡觉；也可以等孩子睡着了家长再去做事；爸爸妈妈也可以做好分工，晚上轮流哄孩子睡觉。

6 白天少睡

有的孩子白天睡很久，一到晚上就不肯睡，精神还好得不得了。家长要注意调整孩子的作息时间，白天可以让孩子多玩玩，减少孩子睡眠时间，到晚上自然就容易睡着了。

7 环境简单

孩子睡觉的卧室包括床上都不要放玩具或其他能让孩子特别兴奋的东西，电视机更不要安装在卧室，这样能够减少环境对孩子的刺激，使他尽快入睡。

孩子喜欢懒被窝怎么办？

7:00
噢……
七点啦——起床
准备好，七点半妈妈
开车送你去上学。
现在七点五十了，
你需要自己去上学。
不，我会迟到的！
你按时起床，妈妈
就有时间送你。
——放学——
我今天早上迟到了，
明天还是你送我吧。
——第二天——
我起床啦！
7:00

喜欢懒被窝

问题：

每天早上，孩子妈妈都要叫孩子起床，可是叫了好几遍，孩子还是磨磨蹭蹭不愿意起来。有时候孩子妈妈会“火冒三丈”，一气之下掀了孩子的被子，孩子还会和妈妈闹别扭。怎么样能改正孩子这个习惯？

专家解析

一般来说，孩子赖床有以下几种原因。

天气寒冷，孩子留恋温暖的被窝。

孩子习惯性赖床。

孩子不想上学，故意赖床以抗拒上学。

孩子头天晚上睡得晚或失眠了，没睡好。

孩子心情不好，或与父母闹情绪而故意赖床。

教子有方

1 父母早睡早起

父母是孩子的一面镜子，对于孩子早起这件事情，父母也应该以身作则、言传身教，并且把它当作一个习惯来养成。

2 商订作息计划

在孩子上幼儿园之前，饮食起居相对比较自由，但是从上幼儿园起，就要培养良好的作息习惯。家长可以制订作息计划，不是父母单方面的制订，而是与孩子商量以后制订，这样才具有可行性，才能坚持执行下去，得到孩子认可的计划才能起到真正的效果。

3 建立起床清单

孩子起床磨蹭的原因在于，他对要做的事情需要多长时间并没有清晰的认识，也没有做过时间规划，这就需要大人帮助孩子一起去建立起床清单，罗列出孩子早晨需要做的事情，以及做每件事需要的时间。用分钟的机动时间，倒推出起床的时间。如此规划下来，孩子会发现，如果需要在8点到校的话，那么自己就需要在6：40起床。如果没有建立起床清单，孩子就可能以为7点起床就能搞定一切，所以在父母叫起床的时候孩子就会磨蹭到7点以后。

起床清单	
起床	5 分钟
上厕所	10 分钟
洗漱	5 分钟
吃早饭	20 分钟
换衣服	5 分钟
机动时间	10 分钟
上学路上	20 分钟

4 承担晚起后果

对于经常晚起迟到的孩子，父母一定要坚持让孩子自己承担后果，千万不要因为溺爱而心软。要让孩子承担晚起带来的不方便和惩罚，比如因时间不够丢三落四、来不及吃早饭而挨饿、被老师批评罚站等，让他自己一一承受，而不是父母再去帮忙送落下的东西、喂早餐、给老师打电话解释。只有让孩子自己认识并承担晚起的后果，他才会自觉早起。

5 营造温暖环境

针对天气寒冷，孩子留恋被窝而赖床的情况，家长可以营造一个温暖适宜的环境，让孩子自然醒来。也可以提前几分钟把窗帘拉开，让光线透进来，诱导孩子从睡梦中自然醒来。

6 了解学校情况

针对孩子讨厌上学而故意赖床的情况，家长必须了解孩子是否在学习方面遇到了困难，是不是在学校过得不愉快，是不是被老师批评了，是不是和同学闹矛盾了或是有其他不愉快的经历，从而有针对性地解决问题。

7 调整入睡时间

如果孩子多次无法按时起床，那家长就要考虑孩子是不是没有充足的睡眠，想办法调整孩子前一天晚上入睡的时间。家长有必要和孩子约定一个睡觉的时间，无论作业多少，都应按时睡觉。因为按时睡觉是保证睡眠的重要条件，而保证睡眠也是保证学习质量的重要条件。

孩子爱贪图小便宜怎么办？

爱贪图小便宜

问题：

孩子这几年是由爷爷奶奶带的，老人很节俭，去超市见到试吃的东西就多吃些；去饭店吃饭，临走还把餐巾纸都带走。孩子受到一定影响，也喜欢占些小便宜，有时候还把学校的玩具偷偷带回家。该怎么帮助孩子改正这个问题？

专家解析

其实人都是自私的，都喜欢占小便宜，在小孩还小的时候都会出现这样的情况，只要家长能正确地引导孩子，孩子都可以形成比较好的习惯。要告诉孩子占小便宜吃大亏，爱占便宜的人格局小、心眼窄，常常捡到一棵草，却失去一片森林；到最后，人际关系差，难成大事等道理。父母要注意从小向孩子传递“教养”和“修养”的道理，而有教养、有修养的人，生活往往不会亏待他。孩子爱贪小便宜的原因一般是以下几种原因。

1 侥幸心理

认为占些小便宜，不会被发现，即便被发现也不会有大的影响。

2 模仿行为

如果父母贪小便宜，甚至偶尔会做顺手牵羊的事情，这样的父母肯定也有着爱占便宜的孩子。

③ 物权意识模糊

有的父母在孩子两三岁萌发物权意识的时候，就没有好好教会孩子所有权的概念，即自己的东西自己有权做决定，他人的东西不可以随便拿。父母没有明确地告诉孩子占便宜是不对的，或者当发现孩子出现占小便宜的举动时也不加以制止和教导，让孩子错误地以为他占便宜的行为没有错。

④ 孩子的正常需求没有得到满足

孩子的需求父母不给予满足，或是没有正确教导孩子想要和需要不是一回事的道理。

教子有方

① 言传身教

爱占小便宜的父母常常把占小便宜看作很光荣的事情，这种错误的行为和情绪会潜移默化地传达给孩子。父母必须以身作则，不占小便宜，比如小贩多找了钱，要带着孩子去当面返还，而不是据为己有；不从单位顺东西回家；乘车或旅游不逃票。

② 提前教导

孩子随父母出去做客，主人家基本都会给一些小零食、小礼物，家长可以提前告知孩子：“没有经过别人允许，不能拿别人的东西；如果是别人送的，拿了必须说‘谢谢’。”以这样的方式被教育的孩子，一般不会随便占人便宜，就算接受馈赠，也会真诚感谢，事后还会想办法回赠。

❸ 满足正常需求

父母要多关心孩子，力所能及地满足孩子的合理要求。如果确实不能满足，就要明确告知原因，赢得孩子的理解，使他形成正确的得失观。

❹ 认识危害

家长要让孩子明白正确的所有权意识，要让孩子明白，什么东西是自己所有的，什么东西是别人所有的，自己的东西可以随便处置，而别人的东西则不能随便拿，必须经过别人的同意才行。要明确地告诉孩子占小便宜会带来怎样的后果：失去朋友信任、失去父母的爱、没人帮助、没人喜欢等。

❺ 必要惩戒

孩子的自制能力较差，难以抵制物质的诱惑，父母要多关心孩子，发现问题要及时纠正，千万不能姑息迁就或者变相支持。孩子犯错时根据情况给予相应地惩戒，但父母也要尽量保护孩子的自尊心，理解和相信孩子。有规则，但不要伤害孩子，一定不要出言讽刺、挖苦，更不要打骂孩子，如果孩子曾经犯过类似的错误，家长和老师也不要揭孩子的旧伤疤。关心孩子，弄清事情的来龙去脉，了解孩子的思想根源，以耐心的教育，使孩子认识到错误，进而改正错误。

❻ 区分节俭

告知孩子哪些属于节俭，哪些属于小便宜，节俭和占小便宜是两回事。孩子爱占小便宜不可怕，可怕的是作为父母却不重视起来。长此以往，就会对孩子的成长不利，看到孩子的缺点，就要尽早帮助孩子纠正。

孩子花钱大手大脚怎么办？

花钱时大手大脚

问题：

孩子过年收了2000多元压岁钱，孩子平时花钱就大手大脚，本想元宵节过后再把孩子的压岁钱存起来，可孩子自己买了一部手机，又请几个小同学吃了一顿饭，2000元就都花了。儿子还和我吵了一架，把我气得不行。

专家解析

处理好亲子间的金钱问题是一门艺术。孩子花钱大手大脚，其实爸爸妈妈没资格指责，因为都是家长自己做的“榜样”。

1 父母花钱不知节制

孩子跟父母接触的时间最长，因此孩子会下意识地跟着父母有样学样。如果父母平时花钱就大手大脚，孩子自然就会觉得这样做没有错，而且还会误以为自己的家庭经济能力不错，进而养成花钱大手大脚的恶习。

2 父母过于娇惯

现在的家庭不论贫富，对孩子都是极尽宠爱，就算自己省吃俭用也不舍得苦了孩子。父母的这种做法看似是爱孩子，实际上却养成了孩子索求无度的恶习，孩子不知道父母挣钱有多难，只知道父母对自己有求必应，只要缺钱跟父母要父母就一定会给，自然而然就养成花钱大手大脚的习惯。

③ 养成错误的金钱观

现在的家长大多只知道重视孩子的学习而不关注孩子的金钱教育，因此，很多孩子并不知道钱是怎么来的，也不懂得如何合理地规划金钱的使用，使孩子从小缺乏正确衡量事物价值的能力，花钱全凭喜好，难以形成正确的金钱观和价值观。

④ 同伴攀比

用物质满足虚荣，“同学有的我也要有，同学买的我为什么不能买”？当孩子的攀比心理体现在物质方面，并不是为了实际的需要，而是为了虚荣心的满足而花钱，就会出现不必要的高消费。

教子有方

① 支出计划

和孩子心平气和地沟通，与孩子一起制订花钱计划，钱大概要用到什么地方，比如午餐、玩具、学习用品等，孩子需要多少零花钱，父母是完全可以估算出来的，让孩子处于一个正常的消费水平。小学生可以按周给零花钱，中学生可以按月给零花钱。这些规则一旦确立就必须遵守，不可以改变；当孩子的零花钱花完了，确实需要购买必要的学习用品时，则可以偶尔破例。

② 承担后果

父母要注意给孩子花钱的自由性，不要每笔都追问孩子把钱花哪儿了，处处报备，这样会让孩子感到束缚，很难学会独立安排开销。如果计划中的零花钱很快花完了，那么让孩子在这个计划期间紧巴着过日子，承担胡乱开支的后果。

❸ 灵活处理

有时候除了常规的开支，孩子的衣服鞋子、学校的杂费、孩子同学过生日需要送礼物等，涉及一些较大的开支，家长可以直接购买、交费，或者临时给孩子增加零花钱。

❹ 劳动体验

如果孩子年龄大一些，可以让孩子在节假日去打零工，体验劳动的不易，孩子自然珍惜现在的生活，对金钱的获取也会有亲身的感悟。要孩子别乱花钱，家长自己也要以身作则，别在孩子面前随意挥霍，不然孩子只会觉得家长说一套做一套，继续有样学样。

❺ 价值观教育

教导孩子根据自家的实际情况合理支出，区分必要消费和不必要消费、基本生活消费和奢侈消费，不要跟同伴攀比，用家长的钱来攀比毫无意义。如果想要面子、想攀比，可以自己想办法通过正当渠道赚取财富，用自己的能力去获得面子，也可以发展个人才艺，用才艺和优点赢得同伴的喜欢和关注。

孩子不讲卫生怎么办？

刷牙啦——
我不要刷牙！
你今天都吃了什么？
吃了牛排、橘子……
哇——那牙虫今天可要在你牙齿上吃大餐咯——
快帮我把牙虫刷掉，我要刷牙！
好的！

饭前不洗手，不讲卫生

问题：

孩子经常在饭前不洗手，在幼儿园时，每个小朋友都是在老师带领下排队洗手，孩子还能听老师的话去洗手。上小学后，反而更懒了，经常不洗手就去吃东西，怎么改掉孩子不洗手的毛病？

专家解析

从这位家长的描述来看，不是孩子不洗手，而是孩子在家里不洗手，这时家长就要思考，为什么在幼儿园可以洗手，在家却不洗手？是不是家里缺乏规则意识？这不仅是不洗手的问题，而是家庭教育中很多事情都缺乏界限与规则，孩子做与不做都可以，就认为洗手麻烦，从而不愿意洗手。

教子有方

1 家长带头

家长在应该洗手的场合要及时洗手，比如饭前便后、打扫卫生后、拿东西脏了手等，都要及时洗手，给孩子做一个及时洗手的榜样。

2 健康教育

比如孩子有过肚子痛的经历，就告诉他不讲卫生、不洗手，手上细菌会进入口腔，容易让人肚子痛，甚至生病。关于洗手等讲卫生的教育片网上也有不少，家长可以给孩子做一个卫生健康科普以提示孩子。可以说："宝贝，请你洗完手和我们一起吃饭，我们等着你。"还可以提示："宝贝，吃饭前要做什么事啊？"不要用命令式的催促："不洗手别吃饭！赶快去洗！"这样的方式会越催促越慢、越命令越无效，无须命令，只用提醒就好了。

3 立规矩

无论是洗手，还是吃饭，或者作息时间、物品摆放等，家里应该有一个家庭规则、家庭公约，一家人制定相应的生活常规，一家人都来遵守，孩子自然而然就会形成健康的生活习惯。

4 需反思

洗手是一件很小的事情，及时洗手、讲究卫生是大多数人能接受并践行的事情。如果自家孩子其他地方都做得挺好，就在这件事情上闹别扭，家长就要反思，到底是孩子的问题，还是自己的行为导致孩子出现这样的问题？这是否是孩子用这种方式来表达对父母不当管教的抗议呢？

孩子沉迷游戏怎么办？

……
40 分钟游戏时间到啦！
确实挺难控制的……你继续，我们去公园踢球再吃个大餐回来……
OK！
我打完这一把马上结束啦！
你能做到按时关机，当然可以。
明天还能玩一会游戏吗？

沉迷游戏无法自拔

问题：

孩子上四年级后，周末、假期就开始玩游戏玩得越来越多，不爱学习了，一年多了，我尝试了很多方法，效果都不好。这种情况应该怎么办？

专家解析

为什么孩子会沉迷游戏呢？很多家长可能会觉得，这是因为孩子的自制力太弱了，经受不住诱惑，其实沉迷游戏，虽然跟自制力有关系，但不仅是自制力的问题，不少沉迷游戏的青少年跟父母之间的关系，已经出现了很大的问题。什么问题呢？就是父母很少去回应孩子真实的需求和感受，很多父母以为是游戏带走了孩子，但其实是他们先“抛弃”了孩子。

游戏给孩子带来了什么？游戏是可以不断重启的，如果不满意，则永远可以重新再来一次。再者，孩子在游戏里还能建立一种关系，比如他在游戏中可以跟其他同伴组队，彼此配合，然后像一个团队一样行动，这能让他有一种被认同和归属的感觉。

同时，在游戏中间，孩子可以扮演他想要的角色，包括外貌上、技能上，以及他想要呈现出来的理想的自己。那么孩子为什么要在游戏里去寻找，而不是在现实生活中去获得这样的体验呢？如果孩子能在现实中获得这样的体验，那是最好不过的了。但很可惜，理想很丰满，现实很骨感，因为往往在现实中，这个孩子可能就是被冷落的，他的感受并没有被看到，或者被尊重，所以他就会去游戏里寻找，一方面扮演一个理想的角色，另一方面回避掉一些东西，一些让他感觉到糟糕的、有挫败感的事情，这才是孩子沉迷游戏的真正原因。

教子有方

1 理解孩子的动机

之前有一个妈妈告诉笔者孩子沉迷游戏，笔者问她，你有去了解过，孩子在游戏里边做了些什么吗？她听了以后，开始思考这件事情，后来当她跟孩子一起进入游戏里面的时候，反而和孩子的沟通多了起来，此后，孩子玩游戏的时间也越来越少。因为只有当孩子在现实中能够跟妈妈产生链接的时候，他才能走出来。

2 给予自由

假如孩子是在游戏里渴望自由的话，也就意味着他在现实中可能被约束得太多，或者说被控制得太紧，所以他要去游戏里寻找一些自由的感觉。

3 尊重肯定

孩子沉迷游戏，可能因为只有在游戏里，他才能扮演一个理想的角色，而在现实中，他可能永远无法达到父母对他的期望和要求，反而经常被指责。因此，孩子可能常常处在一种被父母否定，感觉到羞耻的状态中。越是喜欢游戏的孩子，父母越是对他责怪，越是说“你不行”，那么这个孩子沉迷、依赖游戏的可能性越大。孩子沉迷游戏，跟父母的养育方式关系很大，如果家长无法承受这个事实，转而去否定孩子，把这些问题放在他的身上的话，孩子很无辜，也很委屈。

4 增加互动

增加亲子间的互动，或者一些积极的情感能够很好地吸引孩子，这样，他才能够从游戏中走出来，因为人是需要陪伴，需要被看见的。

孩子爱说谎怎么办?

这饼干是你吃了吗?
如果我承认了，那我就是坏小孩了！
不是！
这饼干看起来好好吃啊！我都没有尝到……
妈妈知道是我偷吃了，也没有责怪……
下次我给你留一点……
如果说实话不被责备，那我更喜欢诚实的自己。

孩子说谎话

● **问题：**

孩子喜欢说一些不符合实际的话，张口就来，有时候，我们作为家长都分不清楚孩子说的是真话还是假话，有时候发现他说谎，他还一脸的无辜。为什么孩子会这个样子，怎么能改掉说谎的毛病？

专家解析

孩子之所以说谎，是因为他需要说谎。假如孩子感觉到在大人面前是足够安全的，他就会愿意讲真话。你是一个让孩子感觉到足够安全的父母吗？你真的做好听孩子讲真话的准备了吗？

如果父母处处以“好孩子”的标准要求孩子，孩子在这种压力之下，就可能认为：只有我做个“好孩子”，爸爸妈妈才会喜欢我，如果我承认了某件“不乖”的事情，他们就不会喜欢我了。有时候说谎是孩子逃避某项“苦差事”的借口，比如当孩子不愿意去做某些事的时候，就可能声称自己还有别的事做，试图“逃过一劫”。

教子有方

❶ 了解孩子的真实意图

如果孩子因为想象和现实混淆而说谎，家长就不妨多琢磨一下，想想孩子背后的真正需要或担忧是什么，然后再找到这个根源的基础上，跟孩子共情，引导孩子说出谎言背后的真实意图，并尽可能地满足他的需要或排解他的担忧。

❷ 家长的期望值不要过高

如果孩子迫于“乖宝宝”的压力而说谎，家长就要检查一下自己的期望值是否太高了，然后在这个基础上重新设定自己的期望标准，让孩子有机会按照正常的心理发育节奏成长。

❸ 摆事实，讲道理，支持孩子

如果孩子因为实在想要逃避一件不想做的事情而说谎，我们就不妨看看是否孩子必须做这件事，如果可做可不做，不妨放孩子一马；如果必须做，则要给孩子讲清道理，支持孩子面对属于自己的责任或义务。

❹ 家长要做好榜样

父母要做诚实的榜样，孩子刚开始不懂说谎，有些时候孩子的行为都是不知不觉地模仿周围的人，尤其是父母。

❺ 家长不要过于责备孩子

当孩子犯了错时，家长可能会问：这是谁干的？孩子的回答通常是：不是我。因为他担心、害怕。如果我们这样跟孩子说：“其实妈妈小时候呀，也撒过谎，因为害怕姥姥责备，但是妈妈觉得每个人都会犯错，这并不可怕。

告诉妈妈，真实的情况，然后咱们再去想办法解决。”这样的语言说出来的时候，孩子的防备心理就不会那么强烈了。孩子可能就会说:“真的吗？那好吧，是我打碎的。”孩子会很诚实地去承认他的错误。如果家长一上来就责备，通常孩子的防备心理就会越来越坚固，当爸爸妈妈再去责备他时，他就会觉得千万不能说实话了。

第九章

行为偏差

孩子老是吃手怎么办？

吧叽——
咦，又在吃手指头了！
你的手手是不是很好吃？给我试试……
手手一点也不好吃！
妈妈肚子好饿呀……
饿了我喂你吃果果——
啊
忙碌起来就不吃手手了，还孝敬一下老母亲。我真是聪明呐！

经常吃手、咬指甲

问题：

我的孩子上小学三年级了，经常吃手、咬指甲，我提醒过，也训斥过，可孩子这个毛病依然存在，我该怎么办才好？

专家解析

教育孩子，不能只看表面行为，表面行为孩子是在吃手、咬指甲，其背后是孩子的一种自我保护方式，当一个孩子的内在有焦虑情绪，又没有学会用合理方式释放焦虑，焦虑的能量就会聚集在孩子体内。因为人类天生具有保护自己的本能，所以他们可能会选择无意识的行为，比如吃手、咬指甲，通过咬的动作，把焦虑产生的负能量释放出来。

这位焦虑的妈妈所采取的“提醒”“训斥”行为，都是治标不治本，长远来看，不但无益反而有害，如果只是在表面上制止了孩子的这个行为，那孩子的焦虑又该如何消除呢？

父母需要把孩子的行为当成一个提醒信号，它在提醒父母：我的孩子或许有一些焦虑情绪，是我所不知道的，或者忽略的，现在是时候让我去关注孩子的情绪状态了。

教子有方

面对吃手、咬手指甲的孩子，父母不要惊慌，不要试图去控制和阻止孩子，尤其不能用粗暴的方式对待孩子，比如打孩子的手等。这样要么会加重孩子的行为，要么孩子停止了该行为，但还会出现其他问题。

首先，父母不要过分在意孩子吃手、咬指甲这件事，父母越关注，孩子越在意，反而会加重这一行为。

其次，父母要转移孩子注意力。一般出现这种行为的孩子是幼儿园和小学生低年级居多，当他把手放进嘴里的时候，父母可以及时给孩子手里放一个玩具或者食物，来分散他的注意力。

再次，平时父母要尽可能多地陪孩子玩，让孩子的小手不闲着。比如，让孩子学习绘画、剪纸、玩积木等，只要他感到快乐和充实，就不会有心思去想着吃手、咬指甲。如果孩子较大，有自己的想法，父母可以引导孩子培养一些兴趣爱好，尤其是身体运动，让孩子宣泄自己的能量。

另外，父母需要帮助孩子学会表达和释放情绪压力。父母要允许孩子与自己有不同的意见并认真倾听，让孩子的想法得到表达，情绪自然流露，能够正当的释放情绪，孩子吃手，咬手指甲的问题自然就会慢慢消失。

孩子口吃怎么办?

我……我……
我……
别急，慢慢说！
以前的妈
想……想要……
要……
耐心聆听
不打断
我……我……
想要……那个……
现在的妈
我也觉得那个不错，
宝宝想要对吧?
嗯，我喜欢。

孩子说话口吃

问题：

我家孩子说话不连贯，容易停顿，支支吾吾说不出一句完整的话，我们倒是知道他要表达什么意思，但是有时候很着急，担心他怎么跟其他小朋友交流，该怎么办呢？

专家解析

在成年人的生活中，“说话结巴”对于工作及人际交往而言都会有点麻烦。不过，孩子的口吃与成年人不尽相同，大部分可以自愈。因此，父母在发现孩子口吃时，多数情况下无须过分担忧。但口吃症状若是持续发展，除求助医生外，最重要的是父母也要采取适当措施，帮助孩子早日恢复。

教子有方

1 多层次表扬

尽量使用具体、描述性的语言，避免使用“你很棒”“你很优秀”等空洞的话语，比如，你这次可以自己倒水喝了，并且还将水都喝完了，是不是感觉不渴了？越来越棒了！

② 放慢节奏

减少对孩子的压力，多给孩子一些思考的时间和空间，让他可以充分组织自己的想法，说话时不感觉自己在被催促。

③ 保持规律的生活节奏和充足的睡眠

研究显示，父母和孩子均反映，在疲劳时口吃的问题会更严重。不熟悉的环境、熬夜、日常生物钟的打破都会加剧口吃问题。

④ 关注孩子的说话内容

家长应关注孩子说的是什么，而不是他怎么说。在孩子口吃时，尽量去关注孩子的说话内容，而不是口吃问题本身。保持眼神注视，就像他说话流畅时一样，耐心等他说完；多停顿，跟随孩子的说话节奏；成年人的语速通常比孩子快，而口吃的孩子则需要花更多的时间组织语言、协调肌肉。因此，父母在同孩子说话时，可以在每次开口前稍作停顿，以此来间接达到放慢语速的目的。

⑤ 让孩子说完

孩子在口吃时，父母常常会按捺不住帮孩子“补全”剩下的话。但是这种冲动需要遏制。研究显示，很少会有孩子喜欢父母的这种“帮助”，他们更希望自己把话说完。

孩子语言发育迟缓怎么办?

语言发育迟缓

问题：

孩子两三岁了，还不会自主地喊爸爸妈妈，还不能理解简单的指令或问题，比如“宝宝拿鞋子”“你要喝水吗”“妈妈在哪里”等，我该怎么办呢？

专家解析

语言发育迟缓有一定的年龄差异性，2岁左右是高发病期，发病率约为15%至17%；而到3至6岁，儿童语言发育迟缓的发病率稳定在3%至7%。这部分患儿的表现包括：过了说话的年龄仍不说话，或说话很晚；开始说话后，比别的正常孩子发展慢或出现停滞；虽然会说话，但是语言技能较低，不会沟通，交流技能低；语言的应用、词汇和语法的应用低于同龄儿童；回答问题反应差；语言理解困难，遵循指令困难。

教子有方

1 激起孩子说话的欲望

让宝宝开口说话最有效的办法是父母营造一个谈话和交流的气氛，运用任何可能的机会不停地和宝宝说话，用轻柔富有感情的语言给他讲故事，即便在多数情况下只是父母的“自言自语”也要坚持。

和宝宝说话的时候，爸爸妈妈不妨见机行事，诱导宝宝表达自己的想法。如果他对你的努力有回应，能够用“咿咿呀呀”加上肢体语言来表达他的意思，你可以及时送上你的拥抱作为鼓励。

对于这些宝宝，父母先不要在意他说得好不好，也别急于纠正他语言中的毛病，培养起来他说话的自信心使宝宝体验到表达的喜悦比什么都重要。

② 个性化训练循序渐进

对孩子的言语和阅读训练是一对一的，如对感受性语言障碍者，重点在于训练对语音的理解、听觉记忆及听觉知觉等。对表达性语言障碍者，重点在于训练他模仿别人讲话。

无论是对哪一种语言发育迟缓儿童的教育训练，父母都应积极主动地参与其中。具体的做法是将拟定的教育计划分成几个小单元，分段进行，以便更容易学会，增强孩子学习的信心。

对那些语言表达和阅读上有困难的孩子，父母可以借助讲故事书的方式或设置一个特定的情景，反复教孩子认读笔画、发音和简单的字、词，让宝宝慢慢地辨认、熟悉、理解、记住这些词的发音和含义；随后过渡到比较难的字、词语；然后开始给他讲解一个个短句、长句的意思及相应的故事内容。

如此一步一步地训练是一个比较漫长的过程，父母的贪多图快和急躁情绪则起不到任何作用。

③ 迂回的“战术”可能更有效

对于那些说话或朗读总是不顺畅、经过多次训练效果仍不明显的孩子，父母的反应最好是冷静、再冷静。因为此时你丝毫的激动和不满，都会为孩子的语言学习带来挫败感和恐惧感，结果很可能适得其反。

对于这类孩子，与其教他说话读书，不如先唱儿歌、童谣给他听；只要他不反感，你就反复地为他唱。为了方便，父母不妨选择那些孩子百听不厌的儿歌作为孩子学习的教材。也可以把孩子喜欢听的内容拷贝在数码产品中，以便他随时被声音包围着，由听而说，以达到从量变到质变的目的。

孩子容易尿床怎么办？

又画地图了。不能责怪孩子，他也不想的……
晚上8:00
喝点水吧，8:30以后就不能喝水了。
凌晨1:00
宝贝醒醒，起来上个厕所再睡吧。
早晨7:30
儿子真棒，有进步了！

孩子容易尿床

● **问题：**

我家孩子已经7岁了，夜间还是会在床上排尿，应该是无意识的，该怎么办？

专家解析

小孩尿床属于正常现象。通常来说，孩子在3至4岁才能控制排尿。但是，如果超过4岁的小朋友还经常尿床，那就有问题了。在医学上，这叫做“遗尿症”。数据显示，长期尿床的孩子在记忆力、抽象思维和逻辑思维等方面都比正常儿童差。数学、分辨能力、反应能力等也明显弱于同龄人。

教子有方

1 正确引导，做好心理疏导

首先要强调夜间尿床并不是孩子的错，避免其因此而受到指责，并鼓励患儿进行正常的学习和生活。

② 保持良好生活习惯

保证患儿的每日正常液体摄入量，日间不必限制其饮水，睡前3至4小时可适当减少其液体入量。教育并监督患儿养成良好的排尿习惯（每天平均4至7次），尽量避免对患儿排尿的不必要提醒。

③ 唤醒训练

家长平时要注意观察孩子尿床的规律，在孩子即将发生排尿的时间点，可以叫醒孩子去排尿。但需要注意，不能让孩子在迷迷糊糊的状态下排尿，应该彻底唤醒孩子后再带孩子去卫生间排尿。

孩子有抽动症怎么办?

抽动
不指责，不过度
关注若无其事。
还给你。
平板
远离电子产品
增加户外运动释放
身体的压迫感。
有你，妈妈很幸福
满满的安全感。

孩子有抽动症

问题：

有一天，我发现孩子时不时眨眼，有时一连眨好几下。起初，我以为他是用眼过度，接触电子产品时间太久，导致眼睛干涩。但是看了医生之后医生说没问题，还开了眼药水，但是用完以后根本没有好转，后来才发现是抽动症，有什么好办法吗？

专家解析

抽动症的临床表现多样，分为运动性抽动和发声性抽动。临床上，大部分患儿是以眨眼、吸鼻子、耸肩等面部的运动性抽动，或清嗓子、咳嗽、吐痰、打嗝等发声性抽动为首发症状。

因此，如果孩子出现以上的“小动作”，却没有其他全身症状，家长就要小心抽动症了。尤其是5至10岁的学龄前、学龄期儿童。当然，抽动症的症状不仅限于此。还有些复杂性抽动症患儿会出现模仿别人的语言和动作、说脏话、表情紧张、触碰他人等状况，这些都是需要家长注意的。

教子有方

❶ 家长不要过于提醒强化

家长不要老是去提醒强化，或者责骂、怪罪甚至歧视。不要怪罪孩子为什么会得这种病，或者拿孩子和其他孩子比较，不要发牢骚“别的孩子都没得，怎么你得了”，也不要经常去提醒“不要挤眉弄眼”“不要发出这种声音”，事实上这是一种提醒强化，反而会加重孩子的心理负担。

❷ 创造轻松的家庭氛围

家长不要事事顺从，过分溺爱孩子。要创造互相理解、轻松愉快的家庭氛围，并不意味着孩子得了这个病，家长就要对他事事迁就，而应该以正常对孩子的要求来对待孩子。

❸ 积极配合医院治疗

认知行为治疗：行为治疗是减轻抽动症状，改善孩子社会功能的有效手段。它包括习惯逆转训练、暴露与反应预防、放松训练、正强化、自我监控、回归锻炼等。

药物治疗：对于病症影响日常生活、学校和社会活动的中重度儿童，在心理教育和行为治疗无效或无法控制时，需要药物治疗。

孩子怕黑不敢睡觉怎么办？

孩子怕黑不敢睡觉

问题：

孩子入睡困难怎么办？有的时候怕黑不敢睡觉，躺在床上1个小时，还是无法入睡，导致每晚10点后才睡。

专家解析

优质的睡眠质量会促进孩子的生长发育，对他的成长是很有好处的，但孩子在睡前如果情绪不稳定，也会对他的身体造成影响。孩子如果在睡觉前经历了一些比较强烈的刺激，不仅会影响孩子的睡眠质量，也会影响孩子的大脑发育，还会影响孩子的性格。

教子有方

1 陪孩子聊聊天

家长可以利用好睡觉前这个时间段，和孩子一起好好聊聊天，这个时间段是一个培养亲子关系很好的时间，家长不仅能够更加全面的了解孩子，而且还能了解孩子的情绪问题，帮助孩子及时缓解不良情绪。不要觉得孩子小没有什么烦恼，其实，孩子小小的脑袋里每天也装了很多东西，解决了这些问题之后，孩子会带着好的心情更好地入睡，睡眠质量也会更好。

2 学着去夸奖孩子

对于孩子来说，家长的夸奖就像是糖果一样，会让孩子们心里觉得甜甜的，非常美妙。在睡觉前，家长可以回顾一下孩子一天中所做的事情，找出他们做得好的方面进行有策略地夸奖。这样能够更清楚地让孩子知道自己哪些地方做得好，带着家长的肯定入睡，孩子会非常开心的。

3 规律作息

每天同一时刻起床，一周七天全是如此。早晨同一时间起床，晚上同一时刻就寝，能帮助建立“生物钟”。

4 规律锻炼

制定锻炼时刻表，锻炼能帮助减轻入睡困难并加深睡眠，但不要在睡前3小时进行体育锻炼。

5 营造舒适、安静的睡眠环境

确保孩子的卧室很舒适而且不受光线和声音的干扰。舒适、安静的睡眠环境能帮助减少孩子夜间惊醒的可能性。即使是白噪声也有可能影响睡眠质量，铺上地毯、拉上窗帘及关上门可能会有所帮助。

6 房间温度适宜

确保孩子卧室夜间的温度适宜，睡眠环境过冷或过热也可能会影响睡眠。

孩子半夜容易惊醒怎么办？

孩子半夜容易惊醒

问题：

我家孩子经常会半夜惊醒，跟他说话他也听不见，早晨起来也不知道自己被惊醒了，这种是什么情况呢？

专家解析

孩子在睡觉过程中，突然表现出很恐惧的样子，比如突然坐起来，尖叫，挥手或者踢腿，有时还伴有出汗和脸色潮红。持续几分钟之后，孩子又重新进入睡眠，并且在第二天早上对昨晚的表现没有任何记忆。这种现象就是“夜惊”。但夜惊与噩梦不同，如果发现孩子醒了，能正常表达刚才的梦境，家长也能听懂，那就说明是噩梦。如果孩子表现得很惊恐，但是他还处在懵懂状态，家长叫孩子名字，孩子也没什么反应，那就是夜惊。

教子有方

1 养成良好作息习惯

家长要注意培养孩子良好的作息习惯和睡眠习惯，如不开灯或调暗灯光、室内空气流通、睡姿正确、睡前不要吃过多的东西等，以促进大脑正常发育并得到充分的休息。

② 帮孩子放宽心

排除了生理因素，父母要尽量避免引发夜惊症的事情发生，从客观上解除孩子的心理压力，同时，以讲故事、做游戏的方式，对孩子进行有针对性的心理疏导，让他解除焦虑、放松身心，培养他坚强的意志、开朗的性格。在睡前，家长亲切地陪孩子说说话，或共同听一段轻松的音乐，往往能让孩子带着愉快的心情入睡，这是避免夜惊得好方法。家长应避免在孩子面前表现出焦虑，不要反复在孩子面前提及该症状，不要模仿其症状，以免加重孩子的精神负担，当然，更不能责怪孩子。

③ 白天适度增加孩子的运动量

适度增加孩子的运动量，不仅可以增强体质，还能促进脑神经递质的平衡。而且孩子白天的活动多了、累了，晚上也容易睡得深，提高睡眠质量。

④ 睡前注意事项

注意睡前不要和孩子疯玩、疯闹，导致孩子的神经过于活跃。

孩子偏食怎么办？

不爱吃饭，挑食偏食

问题：

我家两个孩子，一个6岁多，一个3岁，都不怎么爱吃饭，尤其不喜欢吃青菜，就喜欢吃些油炸的食物。孩子这种情况怎么办才好呢？

专家解析

孩子挑食偏食，其实原因不外乎有两个。

第一，可能是因为口味不合适。有些妈妈为了追求科学、健康、营养，把食物做得很精细，搭配得很全面，但却忽略了食物本身的口味。如今的爸爸妈妈很多是上班族，自己就不怎么会做饭，饭菜做得口味不好吃也很常见。

第二，可能是因为家长剥夺了孩子自主吃饭的权利。很多孩子在幼年的时候，会被大人喂饭，有时候他不愿意吃，或者吃饱了，大人觉得他没吃够，就继续把食物塞进他的嘴里。越是这样，吃饭就真的成了一个问题，孩子变得很挑食，对于一些不喜欢吃的东西碰都不碰。对于一个很小的孩子来说，嘴巴是唯一能控制的东西，如果他在生活中被控制得太多，那么不吃饭或者挑食、厌食，其实是孩子维护自己权利的一种表现。

教子有方

1 控制零食

千万不能用吃零食来哄孩子，家长这么做，孩子就更不吃饭了，因为只要拒绝吃饭，家长就给零食吃。家长看似找到了解决办法，其实会使孩子更排斥吃饭。

2 不要喂饭

渴了就喝水、饿了就吃饭、困了就睡觉，吃喝拉撒睡是人的本能。如果家长包办得太多，孩子自己的成长能量就会被压抑，可能更不吃饭了。

3 设定时间

比如吃饭有半个小时的时间，开饭了，家长叫孩子一下，半小时后孩子还没来吃，就把饭撤走，孩子没有吃的就饿着，可以喝些水一直支撑到下顿饭，这样下顿饭可能都不用大人催促，孩子就又快又好地吃完了。

4 改善口味

如果是因为口味问题的话，家长可以尝试着做一些孩子喜欢吃的东西，尊重他的个人口味。如果孩子真的很想吃一点零食，那么家长可以把相对健康的零食给孩子吃。要是担心孩子的营养不够，还可以买微量元素和维生素的补充品，比如维C软糖等给孩子。

第十章

心理偏差

孩子选择性缄默怎么办?

嗨——
…
你怎么不说话呀？在家里挺爱说的呀！
以前的妈
你好呀！
嗨——
上我家去玩吧，昨天刚买了一套新玩具。
好——
现在的妈
给孩子创造更多交流的机会。

选择性缄默症

问题：

老师您好，我家孩子在家里表现得非常正常，甚至是个话痨；但是一到了外面就开始沉默，也不爱交流。查资料说是选择性缄默症，有什么好的解决方法吗？

专家解析

选择性缄默症是一种焦虑症，通常在儿童三四岁开始显现症状。它的特征包括焦虑、极端害羞、过度依赖父母、社会隔离或退缩、易怒、害怕尴尬等特质。常用手势、点头或摇头、眼神、拖拉或只说单音节的字词，不能用流畅的言语与他人进行交流。因此，需要更多的心理支持、鼓励和行为引导来减轻孩子的焦虑。

教子有方

1 提供良好的家庭环境

父母应努力改善孩子的生活环境，营造一个温馨和睦的家庭氛围，避免给孩子带来不良的精神刺激，以便孩子能放松地生活。同时培养广泛的兴趣爱好并多运动。

2 淡化问题

要适当淡化孩子的言语问题，因为家长过分地强调只能起到相反的效果。如果家长对孩子的“沉默”表现出极大的关注，孩子的精神可能会更加紧张，内心很难放松。假如家长强迫他在某些场合必须说话、怎么说，情况就会更糟。比较好的方法是对孩子的言语问题“视而不见”，消除其紧张焦虑的情绪。切忌粗暴批评、粗暴干预，因为这样做反而会强化孩子的缄默症状。

3 多引导和示范社交

搞一些家庭游戏，邀请小朋友和老师来家中做客，同孩子一起做游戏，让孩子在熟悉的环境中同他们进行交流。来访的小朋友由陌生到熟悉，由少到多，最终使孩子在幼儿园接触到的人都是自已熟悉的人，从而忽略学校是一个陌生的环境。周末常常带孩子到小朋友聚集的地方去玩，家长在孩子面前主动与陌生人的交流，可以使孩子从中受到启发，学到与人交流的一些方式方法。

4 多鼓励

在社交中，孩子一旦开口说话，哪怕只有一两句，可以很亲切地给予鼓励，给孩子增强信心。对于孩子的缄默不要过多地关注，不要斥责，也不要一味地强迫孩子与他人交往或讲话，但要鼓励孩子与家庭以外的人进行交往。只要孩子表现出交往行为，包括眼神、手势、躯体姿势等就可以给予奖励，交往增加了，开口说话的机会也就增多了。

5 用录影带或者录音进行自我示范性治疗

预录儿童说话流利的情境，让儿童观看自身说话的行为，此方法也可称为社会性回顾。还有一个稍加变化的方案是将儿童说话与不说话的情境预录下来，让儿童观看自己的行为，然后与儿童讨论其愿意说话的对象和场景以及不愿意说话的对象和场景的相关问题。或者也可以录音，把一些在社交场合要说的话先在家录好音，然后在面对这样场合的时候听着录音学习表达。比如冰激淋店，在家录好“请来一个香草味的冰激淋”，听着录音一直练习，直至到了冰激淋店，听着录音尝试表达。

孩子梦魇怎么办？

宝宝做噩梦啦——
别怕，妈妈在……
我们把梦里的怪物
画出来吧！
一第二天一
丢掉你！
画好的怪物
把画好的怪物
丢进垃圾桶。
妈妈会陪着你。
给足安全感……

梦魇

问题：

孩子最近晚上总会做梦，时不时还会做噩梦，被吓得哭闹尖叫着醒来。原本晚上很容易入睡，现在不行了，做了睡眠准备，也半天不肯闭眼，说怕做噩梦。该怎么办呢？小孩子也会做噩梦吗？要怎么跟孩子解释，才能让他放心睡觉呢？

专家解析

梦魇指由噩梦引起的恐惧伴随着不安而发作的睡眠行为障碍，且事后能够详细回忆起梦境内容。对于儿童来说，梦魇是很常见的，有资料统计儿童发生率可高达10%至50%。做噩梦的问题，基本上所有的孩子都会有，尤其在2至4岁的时候会高发，因为这个年龄的孩子，想象力非常丰富，如果情感发展良好的话，会开始对“恐惧”这种情绪非常敏感，会害怕一些大人看起来完全意识不到“怕点”的事物。而这些莫名其妙的恐惧，就会影响孩子的潜意识，让孩子夜里做噩梦。

教子有方

① 给予孩子支持

对待梦魇症，父母的支持、鼓励和安慰是解决睡眠问题的关键，应了解患儿潜在的忧虑并随时给予可能的支持，当孩子梦中惊醒时应及时地给予抚慰，给予孩子安全感，可以轻轻抱着孩子告诉他“妈妈或爸爸在身边呢，宝宝不害怕，宝宝睡吧”，爸爸妈妈的声音是孩子最安心的抚慰。

② 作息时间规律

睡眠作息时间尽量做到规律，防止过度疲劳，患儿双休日的白天看电视时间不宜过长，不要看恐怖片，养成正常就寝时间不看电视的习惯，不玩手机及平板电脑等电子设备，尤其是卧室里不要放电视机、电脑，入睡前可以听一些催眠曲，或者家长给孩子讲一个内容温和的简短故事，这些方法都有助于缓解睡眠时的焦虑。另外，可能的话，家长尽量做到以身作则，让自己的睡眠习惯和时间与患儿同步。

避免卧室空气污浊、过热，避免被褥过厚，避免胸前和四肢受压的睡觉姿势。

③ 引导孩子倾诉

引导孩子描述梦到了什么事情，因为倾诉也是理性回归的过程，会有益于消除恐惧，说出来之后，就会觉得也没有那么可怕了。在孩子诉说的过程中，要认真倾听，并且表示赞同：“嗯，是啊！那真的很可怕”。如果你想让孩子尽快再入睡，就不要否定他的情绪，说什么“只是个梦而已，都是假的”之类的正确却让孩子讨厌的话。如果孩子无法描述梦境，父母也不要一直问“你怎么啦”，直接用亲昵的动作安抚孩子就可以。

④ 必要时看心理医生

需要引起注意的是，如果孩子长期被噩梦惊醒所困扰，尽量安抚却依然无法改善，这时，就要考虑看看是不是孩子白天遇到了什么事，被肉体或精神虐待、被霸凌之类的，或者出现了一些心理问题。需要详细问问孩子白天在幼儿园或学校的情况，或者带孩子进行心理咨询。

孩子有报复心怎么办？

怎么啦？
上课我举手
可老师总叫别人
不叫我回答问题。
明天开始，我再
也不叫老师了！
报复行为……
那我有个更好
的办法对付……
哦？
嗯！
老师不叫你回答问题，
你偏要学好这门课程，等成绩
出来了，老师就会被吓到了。

孩子有报复心

问题：

孩子和别人闹矛盾后总是耿耿于怀，觉得自己的自尊心受到了伤害，总想找机会报复对方。孩子造谣伤害过对方，还写过恐吓信，给对方的正常学习和生活造成了很大影响。对孩子这样的行为，我们家长该怎么办呢？

专家解析

一般人都有一些报复心的，只不过表现得不是很明显，或者一般没有公开的报复行为。报复心强的人往往心胸狭窄、嫉妒心强，而且有很强的虚荣心。

青春期的孩子身心发展不成熟，遇到矛盾不知道该如何正确处理，受某些社会环境的不良影响，很有可能使用报复的社交手段，家长需要重视并且正确引导。

教子有方

❶ 学会反思

家长要教导孩子在遇到伤害的时候，思考他人伤害自己的原因，然后心平气和地与之沟通，尽量讲道理、和平解决问题；当然，必要条件下可以向父母、老师求助。同时，要教育孩子学会预判行为后果，报复行为是有危害的，让他多考虑报复的危害性，如果矛盾进一步激化，对方再来报复，又该怎么办？

❷ 理解孩子

当感觉到被攻击的时候，出于本能进行反击，这是人类的天性，也是报复循环如此普遍的原因。孩子有报复心或者报复行为，都是人之常情，这是保护自己的一种方式。

❸ 家长示范

平时家长越是批评孩子，孩子就越是顶嘴，这是一种反抗，所以当家长感觉到孩子挑战父母的时候，不管是权力之争还是报复，都不要反击，需要更加心平气和地处理。家长可以这样说“你现在一定受到了很大的伤害，爸爸可以理解”，然后跟进问题，保持和孩子的沟通，可以说“当你感觉好受些的时候，我们再来谈一谈这件事情吧”。

❹ 学会自保

报复可能是因为受到伤害，要想消除报复，不仅要自律自制，同时也要学会保护自己不受伤害，没有伤害就不会引发报复。教导孩子多锻炼身体，身强体壮才有自保的能力；多让孩子与朋友一起玩耍，处理好人际关系，学会用柔和的手段与他人相处。

5 增强自信

有的报复是通过战胜别人来降低自己的自卑程度、维护自己的自尊，或者是渴望得到别人的关注。家长要想办法帮助孩子增强自信心，孩子自信心、自尊心提升了，即便遇到一些麻烦，也无损孩子的内在自我价值，就不会去报复别人了。

孩子非常依赖父母怎么办？

非常依赖父母

问题：

我家孩子是个大孩子了，但事事都还像襁褓中的婴儿一样不让我们放心。生活上，他几乎没有做过家务，像整理床铺、打扫房间这些事，都是由我来代劳。该怎么办呢？

专家解析

每个孩子都会依赖家长，孩子从出生到1岁的婴儿期，非常缺乏安全感，害怕在陌生的环境里，所以孩子本身从小到大对父母都非常依恋，这种依恋之情是正常心理现象。过分依恋父母一定是缺乏安全感，或者是缺乏自我处理问题的能力，这种孩子的父母要尽早诱导、提升孩子自我处理问题的能力，让孩子获得足够的安全感，有足够安全感之后，孩子才有信心战胜困难，才能独立处理困难和面对困境。

教子有方

1 放手成长

家长主动放手做一个参观者，让孩子在慢慢探索中逐步成长。在陪孩子的任何活动中，家长都可以先让孩子自己去做，如果孩子过度依赖妈妈，可以换成爸爸或者其他家庭成员陪伴孩子，家长也可以用照片或视频记录下孩子的各种成长过程。

2 鼓励交往

鼓励孩子多和小伙伴交往，让孩子的视角更宽、更广，兴趣和乐趣多方面发展。孩子找到了同伴带来的乐趣，久而久之黏人的行为也会慢慢消失。

3 引导独立

信任孩子，让他自己动手做事，独立思考，这样还可以培养孩子的责任心，让孩子体会到父母的艰辛，父母要相信孩子是很有能力的学习者。

4 及时鼓励

孩子提出自己的合理看法时，家长首先应该给予鼓励，肯定孩子的想法，不要用我们的价值观去打击孩子合理的想法和主张，要给予充分的肯定和支持，这样孩子的自主性就会慢慢变强。

5 允许出错

鼓励孩子自己做选择。把选择权交给孩子，就等于把责任交给了孩子。允许错误的发生，在发生错误后引导孩子从中汲取经验和教训，在往后遇到类似的问题时，他就会应对自如。

孩子和父母难舍难分怎么办？

和父母难舍难分

问题：

孩子小时候一刻也不想离开妈妈，妈妈在场就一切正常，妈妈离开就大哭大闹、难舍难分。刚开始还觉得孩子就是和妈亲，我们还高兴，现在孩子都上幼儿园大班了还是这样，怎么做才好呢？

专家解析

孩子这么黏妈妈是因为和妈妈以外的亲人没有建立好安全的依恋关系，离开妈妈和其他人相处便会感到不安。孩子依赖妈妈是个假象，孩子天生有独立的愿望，当孩子会走路后，他就想自己去探索世界。有的家庭中看似孩子很依赖父母，其实是父母不愿意放手，父母潜意识里很依赖孩子，舍不得放手，担心孩子做事情做不好。家长要放心大胆地让孩子去做自己的事情，哪怕刚开始孩子做得不好，家长也要坚持不去干涉，久而久之，孩子就能学会独立自主了。

教子有方

❶ 陪伴孩子

孩子黏人时，千万不要强行推开，认为这样就可以培养孩子的独立性，这种想法只能说是一厢情愿。只有从妈妈那里得到足够的情感满足，孩子才能建立起安全型的依恋关系。同时爸爸要多陪伴孩子，和孩子建立正常的亲子关系，慢慢地引导孩子和其他亲人、小朋友相处。有不少爸爸在家庭中是隐形的，孩子缺乏父爱，就缺乏力量。

❷ 学会放手

给孩子独立成长的机会和空间，鼓励他有自己独到的见解，尊重他的自主权。比如，孩子喜欢穿什么颜色款式的衣服、鞋子等，家长不必按自己的眼光选择，尊重孩子的选择，哪怕他的审美很没眼光，也要给孩子选择的机会。允许失败才能让孩子学会面对失败，不要做孩子的拐杖，而是引领孩子发展的方向。孩子做事做得不太好时，不要批评，不要打压，不然容易让孩子再退回到幼儿阶段的心理状态，更是依赖父母，什么也不敢做。

❸ 引导独立

告诉孩子不能太粘人并不意味着可以放弃对他的引导，在陪伴孩子的同时，不妨加强对其独立性的培养，比如有意识地陪孩子做些游戏或简单的家务，并不时夸赞孩子在这个过程中所表现出来的能力，这样就可以让他意识到自己的力量，从而增强他“掌控”生活秩序的信心。不要吓唬孩子，不要对孩子说“大灰狼来了”“警察叔叔来抓你了”“你再这样，妈妈就不要你了”之类的话，否则孩子的安全感将受到伤害。

孩子尿频怎么办？

他今天上很多
趟厕所了。
去医院看看吧。
哦——
宝宝没什么问题啊。
多喝水，不要紧张哦。
松一口气
去吧没事。
妈妈我又想尿尿了。
不刻意关注
一周后
宝宝好棒！
妈妈我今天只
尿了 3 次！

孩子容易尿频

问题：

有一次，接到幼儿园老师的电话，说孩子不知道怎么回事，经常要小便，甚至一节课要跑好几次，去慢了就把裤子弄湿。带到一家门诊，开了口服消炎药，但是服药后症状并没有改善。又带孩子去医院检查尿常规，发现没有异常，结果最终诊断为“神经性尿频”。这种情况我们该怎么办？

专家解析

神经性尿频，是一种非感染性尿频尿急，是儿科中的一个独立的疾病，患儿年龄一般在2至11岁，多发生在学龄前儿童，尤以4至5岁为多见。其发病特点为尿频，每2至10分钟一次；尿急，一有尿意就不能忍耐。较小患儿经常为此尿湿裤子，还可能引发尿路感染或阴部湿疹。

教子有方

1 心理辅导

家长要找出引起孩子心理紧张的原因，如不愿意去幼儿园上课等，并有针对性地进行心理辅导。以正确耐心的诱导，消除患儿的顾虑；积极鼓励患儿，使患儿消除害怕心理，并保持轻松愉快的心情去面对生活。切记不要斥责孩子，否则会加重孩子的紧张情绪，使症状更加严重。

② 膀胱训练

适当转移孩子的注意力，让孩子暂时忘记去小便。

③ 饮食调节

少喝牛奶，少吃橘子和柑等对膀胱有刺激性的食品。